Чайка

The Seagull

Антон Павлович Чехов

Anton Pavlovich Chekhov

Чайка
Copyright © JiaHu Books 2014
First Published in Great Britain in 2013 by Jiahu Books – part
of Richardson-Prachai Solutions Ltd, 34 Egerton Gate, Milton
Keynes, MK5 7HH
ISBN: 978-1-909669-64-2
A CIP catalogue record for this book is available from the
British Library
Visit us at: jiahubooks.co.uk

Действующие лица

Ирина Николаевна Аркадина, по мужу Треплева, актриса.

Константин Гаврилович Треплев, ее сын, молодой человек.

Петр Николаевич Сорин, ее брат.

Нина Михайловна Заречная, молодая девушка, дочь богатого помещика.

Илья Афанасьевич Шамраев, поручик в отставке, управляющий у Сорина.

Полина Андреевна, его жена.

Маша, его дочь.

Борис Алексеевич Тригорин, беллетрист.

Евгений Сергеевич Дорн, врач.

Семен Семенович Медведенко, учитель.

Яков, работник.

Повар.

Горничная.

Действие происходит в усадьбе Сорина. —

Между третьим и четвертым действием проходит два года.

Действие первое

Часть парка в имении Сорина. Широкая аллея, ведущая по направлению от зрителей в глубину парка к озеру, загорожена эстрадой, наскоро сколоченной для домашнего спектакля, так что озера совсем не видно. Налево и направо у эстрады кустарник. Несколько стульев, столик.

Только что зашло солнце. На эстраде за опущенным занавесом **Яков** *и другие* **работники***; слышатся кашель и стук.* **Маша** *и* **Медведенко** *идут слева, возвращаясь с прогулки.*

Медведенко. Отчего вы всегда ходите в черном?

Маша. Это траур по моей жизни. Я несчастна.

Медведенко. Отчего? *(В раздумье.)* Не понимаю... Вы здоровы, отец у вас хотя и небогатый, но с достатком. Мне живется гораздо тяжелее, чем вам. Я получаю всего двадцать три рубля в месяц, да еще вычитают с меня в эмеритуру, а все же я не ношу траура.

Садятся.

Маша. Дело не в деньгах. И бедняк может быть счастлив.

Медведенко. Это в теории, а на практике выходит так: я, да мать, да две сестры и братишка, а жалованья всего двадцать три рубля. Ведь есть и пить надо? Чаю и сахару надо? Табаку надо? Вот тут и вертись.

Маша *(оглядываясь на эстраду).* Скоро начнется спектакль.

Медведенко. Да. Играть будет Заречная, а пьеса сочинения Константина Гавриловича. Они влюблены друг в друга, и сегодня их души сольются в стремлении дать один и тот же художественный образ. А у моей души и у вашей нет общих точек соприкосновения. Я люблю вас, не могу от тоски сидеть дома, каждый день хожу пешком шесть верст сюда да шесть обратно и встречаю один лишь индифферентизм с вашей стороны. Это понятно. Я без средств, семья у меня большая... Какая охота идти за человека, которому самому есть нечего?

Маша. Пустяки. *(Нюхает табак.)* Ваша любовь трогает меня, но я не могу отвечать взаимностью, вот и все. *(Протягивает ему табакерку.)* Одолжайтесь.

Медведенко. Не хочется.

Пауза.

Маша. Душно, должно быть, ночью будет гроза. Вы всё философствуете или говорите о деньгах. По-вашему, нет большего несчастья, как бедность, а по-моему, в тысячу раз легче ходить в лохмотьях и побираться, чем... Впрочем, вам не понять этого...

*Входят справа **Сорин** и **Треплев**.*

Сорин *(опираясь на трость).* Мне, брат, в деревне как-то не того, и, понятная вещь, никогда я тут не привыкну. Вчера лег в десять и сегодня утром проснулся в девять с таким чувством, как будто от долгого спанья у меня мозг прилип к черепу и все такое. *(Смеется.)* А после обеда нечаянно опять уснул, и теперь я весь разбит, испытываю кошмар, в конце концов...

Треплев. Правда, тебе нужно жить в городе. *(Увидев Машу и Медведенка.)* Господа, когда начнется, вас позовут, а теперь нельзя здесь. Уходите, пожалуйста.

Сорин *(Маше).* Марья Ильинична, будьте так добры, попросите вашего папашу, чтобы он распорядился отвязать собаку, а то она воет. Сестра опять всю ночь не спала.

Маша. Говорите с моим отцом сами, а я не стану. Увольте, пожалуйста. *(Медведенку.)* Пойдемте!

Медведенко *(Треплеву).* Так вы перед началом пришлите сказать.

Оба уходят.

Сорин. Значит, опять всю ночь будет выть собака. Вот история, никогда в деревне я не жил, как хотел. Бывало, возьмешь отпуск на двадцать восемь дней и приедешь сюда, чтобы отдохнуть и все, но тут тебя так доймут всяким вздором, что уж с первого дня хочется вон. *(Смеется.)* Всегда я уезжал отсюда с удовольствием... Ну, а теперь я в отставке, деваться некуда, в конце концов. Хочешь — не хочешь, живи...

Яков *(Треплеву).* Мы, Константин Гаврилыч, купаться пойдем.

Треплев. Хорошо, только через десять минут будьте на местах. *(Смотрит на часы.)* Скоро начнется.

Яков. Слушаю. *(Уходит.)*

Треплев *(окидывая взглядом эстраду).* Вот тебе и театр. Занавес, потом первая кулиса, потом вторая и дальше пустое пространство. Декораций никаких. Открывается вид прямо на озеро и на горизонт. Поднимем занавес ровно в половине девятого, когда взойдет луна.

Сорин. Великолепно.

Треплев. Если Заречная опоздает, то, конечно, пропадет весь эффект. Пора бы уж ей быть. Отец и мачеха стерегут ее, и вырваться ей из дому так же трудно, как из тюрьмы. *(Поправляет дяде галстук.)* Голова и борода у тебя взлохмачены. Надо бы постричься, что ли…

Сорин *(расчесывая бороду)*. Трагедия моей жизни. У меня и в молодости была такая наружность, будто я запоем пил — и все. Меня никогда не любили женщины. *(Садясь.)* Отчего сестра не в духе?

Треплев. Отчего? Скучает. *(Садясь рядом.)* Ревнует. Она уже и против меня, и против спектакля, и против моей пьесы, потому что не она играет, а Заречная. Она не знает моей пьесы, но уже ненавидит ее.

Сорин *(смеется)*. Выдумаешь, право…

Треплев. Ей уже досадно, что вот на этой маленькой сцене будет иметь успех Заречная, а не она. *(Посмотрев на часы.)* Психологический курьез — моя мать. Бесспорно талантлива, умна, способна рыдать над книжкой, отхватит тебе всего Некрасова наизусть, за больными ухаживает, как ангел; но попробуй похвалить при ней Дузе! Ого-го! Нужно хвалить только ее одну, нужно писать о ней, кричать, восторгаться ее необыкновенною игрой в «La dame aux camelias» или в «Чад жизни», но так как здесь, в деревне, нет этого дурмана, то вот она скучает и злится, и все мы — ее враги, все мы виноваты. Затем она суеверна, боится трех свечей, тринадцатого числа. Она скупа. У нее в Одессе в банке семьдесят тысяч — это я знаю наверное. А попроси у нее взаймы, она станет плакать.

Сорин. Ты вообразил, что твоя пьеса не нравится матери, и уже волнуешься, и все. Успокойся, мать тебя обожает.

Треплев (*обрывая у цветка лепестки*). Любит — не любит, любит — не любит, любит — не любит. (*Смеется.*) Видишь, моя мать меня не любит. Еще бы! Ей хочется жить, любить, носить светлые кофточки, а мне уже двадцать пять лет, и я постоянно напоминаю ей, что она уже не молода. Когда меня нет, ей только тридцать два года, при мне же сорок три, и за это она меня ненавидит. Она знает также, что я не признаю театра. Она любит театр, ей кажется, что она служит человечеству, святому искусству, а по-моему, современный театр — это рутина, предрассудок. Когда поднимается занавес и при вечернем освещении, в комнате с тремя стенами, эти великие таланты, жрецы святого искусства изображают, как люди едят, пьют, любят, ходят, носят свои пиджаки; когда из пошлых картин и фраз стараются выудить мораль — мораль маленькую, удобопонятную, полезную в домашнем обиходе; когда в тысяче вариаций мне подносят все одно и то же, одно и то же, одно и то же, — то я бегу и бегу, как Мопассан бежал от

Эйфелевой башни, которая давила ему мозг своею пошлостью.

Сорин. Без театра нельзя.

Треплев. Нужны новые формы. Новые формы нужны, а если их нет, то лучше ничего не нужно. *(Смотрит на часы.)* Я люблю мать, сильно люблю; но она ведет бестолковую жизнь, вечно носится с этим беллетристом, имя ее постоянно треплют в газетах, — и это меня утомляет. Иногда же просто во мне говорит эгоизм обыкновенного смертного; бывает жаль, что у меня мать известная актриса, и, кажется, будь это обыкновенная женщина, то я был бы счастливее. Дядя, что может быть отчаяннее и глупее положения: бывало, у нее сидят в гостях сплошь всё знаменитости, артисты и писатели, и между ними только один я — ничто, и меня терпят только потому, что я ее сын. Кто я? Что я? Вышел из третьего курса университета по обстоятельствам, как говорится, от редакции не зависящим, никаких талантов, денег ни гроша, а по паспорту я — киевский мещанин. Мой отец ведь киевский мещанин, хотя тоже был известным актером. Так вот, когда, бывало, в ее гостиной все эти артисты и писатели обращали на меня свое милостивое внимание, то мне казалось, что своими взглядами они измеряли мое ничтожество, — я угадывал их мысли и страдал от унижения...

Сорин. Кстати, скажи, пожалуйста, что за человек этот беллетрист? Не поймешь его. Все молчит.

Треплев. Человек умный, простой, немножко, знаешь, меланхоличный. Очень порядочный. Сорок лет будет ему еще не скоро, но он уже знаменит и сыт по горло... Что касается его писаний, то... как тебе сказать? Мило, талантливо... но... после Толстого или Зола не захочешь читать Тригорина.

Сорин. А я, брат, люблю литераторов. Когда-то я страстно хотел двух вещей: хотел жениться и хотел стать литератором, но не удалось ни то, ни другое. Да. И маленьким литератором приятно быть, в конце концов.

Треплев *(прислушивается).* Я слышу шаги... *(Обнимает дядю.)* Я без нее жить не могу... Даже звук ее шагов прекрасен... Я счастлив безумно. *(Быстро идет навстречу Нине Заречной, которая входит.)* Волшебница, мечта моя...

Нина *(взволнованно).* Я не опоздала... Конечно, я не опоздала...

Треплев *(целуя ее руки).* Нет, нет, нет...

Нина. Весь день я беспокоилась, мне было так страшно! Я боялась, что отец не пустит меня... Но он сейчас уехал с мачехой. Красное небо, уже начинает восходить луна, и я гнала лошадь, гнала. *(Смеется.)* Но я рада. *(Крепко жмет руку Сорина.)*

Сорин *(смеется).* Глазки, кажется, заплаканы... Ге-ге! Нехорошо!

Нина. Это так... Видите, как мне тяжело дышать. Через полчаса я уеду, надо спешить. Нельзя, нельзя, бога ради, не удерживайте. Отец не знает, что я здесь.

Треплев. В самом деле, уже пора начинать. Надо идти звать всех.

Сорин. Я схожу, и все. Сию минуту. *(Идет вправо и поет.)* «Во Францию два гренадера...» *(Оглядывается.)* Раз так же вот я запел, а один товарищ прокурора и говорит мне: «А у вас, ваше превосходительство, голос сильный...» Потом подумал и прибавил: «Но... противный». *(Смеется и уходит.)*

Нина. Отец и его жена не пускают меня сюда. Говорят, что здесь богема... боятся, как бы я не пошла в актрисы... А меня тянет сюда, к озеру, как чайку... Мое сердце полно вами. *(Оглядывается.)*

Треплев. Мы одни.

Нина. Кажется, кто-то там...

Треплев. Никого.

Поцелуй.

Нина. Это какое дерево?

Треплев. Вяз.

Нина. Отчего оно такое темное?

Треплев. Уже вечер, темнеют все предметы. Не уезжайте рано, умоляю вас.

Нина. Нельзя.

Треплев. А если я поеду к вам, Нина? Я всю ночь буду стоять в саду и смотреть на ваше окно.

Нина. Нельзя, вас заметит сторож. Трезор еще не привык к вам и будет лаять.

Треплев. Я люблю вас.

Нина. Тсс...

Треплев *(услышав шаги).* Кто там? Вы, Яков?

Яков *(за эстрадой).* Точно так.

Треплев. Становитесь по местам. Пора. Луна восходит?

Яков. Точно так.

Треплев. Спирт есть? Сера есть? Когда покажутся красные глаза, нужно, чтобы пахло серой. *(Нине.)* Идите, там все приготовлено. Вы волнуетесь?..

Нина. Да, очень. Ваша мама — ничего, ее я не боюсь, но у вас Тригорин... Играть при нем мне

страшно и стыдно... Известный писатель... Он
молод?

Треплев. Да.

Нина. Какие у него чудесные рассказы!

Треплев *(холодно).* Не знаю, не читал.

Нина. В вашей пьесе трудно играть. В ней нет
живых лиц.

Треплев. Живые лица! Надо изображать жизнь не
такою, как она есть, и не такою, как должна быть, а
такою, как она представляется в мечтах.

Нина. В вашей пьесе мало действия, одна только
читка. И в пьесе, по-моему, непременно должна
быть любовь...

Оба уходят за эстраду.

Входят ***Полина Андреевна*** *и* ***Дорн.***

Полина Андреевна. Становится сыро. Вернитесь,
наденьте калоши.

Дорн. Мне жарко.

Полина Андреевна. Вы не бережете себя. Это
упрямство. Вы — доктор и отлично знаете, что вам
вреден сырой воздух, но вам хочется, чтобы я

страдала; вы нарочно просидели вчера весь вечер на террасе...

Дорн *(напевает).* «Не говори, что молодость сгубила».

Полина Андреевна. Вы были так увлечены разговором с Ириной Николаевной... вы не замечали холода. Признайтесь, она вам нравится...

Дорн. Мне пятьдесят пять лет.

Полина Андреевна. Пустяки, для мужчины это не старость. Вы прекрасно сохранились и еще нравитесь женщинам.

Дорн. Так что же вам угодно?

Полина Андреевна. Перед актрисой вы все готовы падать ниц. Все!

Дорн *(напевает).* «Я вновь пред тобою...» Если в обществе любят артистов и относятся к ним иначе, чем, например, к купцам, то это в порядке вещей. Это — идеализм.

Полина Андреевна. Женщины всегда влюблялись в вас и вешались на шею. Это тоже идеализм?

Дорн *(пожав плечами).* Что ж? В отношениях женщин ко мне было много хорошего. Во мне любили главным образом превосходного врача.

Лет десять — пятнадцать назад, вы помните, во всей губернии я был единственным порядочным акушером. Затем всегда я был честным человеком.

Полина Андреевна *(хватает его за руку).* Дорогой мой!

Дорн. Тише. Идут.

Входят **Аркадина** *под руку с* **Сориным, Тригорин, Шамраев, Медведенко** *и* **Маша.**

Шамраев. В тысяча восемьсот семьдесят третьем году в Полтаве на ярмарке она играла изумительно. Один восторг! Чудно играла! Не изволите ли также знать, где теперь комик Чадин, Павел Семеныч? В Расплюеве был неподражаем, лучше Садовского, клянусь вам, многоуважаемая. Где он теперь?

Аркадина. Вы всё спрашиваете про каких-то допотопных. Откуда я знаю! *(Садится.)*

Шамраев *(вздохнув).* Пашка Чадин! Таких уж нет теперь. Пала сцена, Ирина Николаевна! Прежде были могучие дубы, а теперь мы видим одни только пни.

Дорн. Блестящих дарований теперь мало, это правда, но средний актер стал гораздо выше.

Шамраев. Не могу с вами согласиться. Впрочем, это дело вкуса. De gustibus aut bene, aut nihil.

Треплев выходит из-за эстрады.

Аркадина *(сыну).* Мой милый сын, когда же начало?

Треплев. Через минуту. Прошу терпения.

Аркадина *(читает из Гамлета).* «Мой сын! Ты очи обратил мне внутрь души, и я увидела ее в таких кровавых, в таких смертельных язвах — нет спасенья!»

Треплев *(из Гамлета).* «И для чего ж ты поддалась пороку, любви искала в бездне преступленья?»

За эстрадой играют в рожок.

Господа, начало! Прошу внимания!

Пауза.

Я начинаю. *(Стучит палочкой и говорит громко.)* О вы, почтенные, старые тени, которые носитесь в ночную пору над этим озером, усыпите нас, и пусть нам приснится то, что будет через двести тысяч лет!

Сорин. Через двести тысяч лет ничего не будет.

Треплев. Так вот пусть изобразят нам это ничего.

Аркадина. Пусть. Мы спим.

Поднимается занавес; открывается вид на озеро; луна над горизонтом, отражение ее в воде; на большом камне сидит **Нина Заречная**, *вся в белом.*

Нина. Люди, львы, орлы и куропатки, рогатые олени, гуси, пауки, молчаливые рыбы, обитавшие в воде, морские звезды, и те, которых нельзя было видеть глазом, — словом, все жизни, все жизни, все жизни, свершив печальный круг, угасли... Уже тысячи веков, как земля не носит на себе ни одного живого существа, и эта бедная луна напрасно зажигает свой фонарь. На лугу уже не просыпаются с криком журавли, и майских жуков не бывает слышно в липовых рощах. Холодно, холодно, холодно. Пусто, пусто, пусто. Страшно, страшно, страшно.

Пауза.

Тела живых существ исчезли в прахе, и вечная материя обратила их в камни, в воду, в облака, а души их всех слились в одну. Общая мировая душа — это я... я... Во мне душа и Александра Великого, и Цезаря, и Шекспира, и Наполеона, и последней пиявки. Во мне сознания людей слились с инстинктами животных, и я помню все, все, все, и каждую жизнь в себе самой я переживаю вновь.

Показываются болотные огни.

Аркадина *(тихо).* Это что-то декадентское.

Треплев *(умоляюще и с упреком).* Мама!

Нина. Я одинока. Раз в сто лет я открываю уста, чтобы говорить, и мой голос звучит в этой пустоте уныло, и никто не слышит… И вы, бледные огни, не слышите меня… Под утро вас рождает гнилое болото, и вы блуждаете до зари, но без мысли, без воли, без трепетания жизни. Боясь, чтобы в вас не возникла жизнь, отец вечной материи, дьявол, каждое мгновение в вас, как в камнях и в воде, производит обмен атомов, и вы меняетесь непрерывно. Во вселенной остается постоянным и неизменным один лишь дух.

Пауза.

Как пленник, брошенный в пустой глубокий колодец, я не знаю, где я и что меня ждет. От меня не скрыто лишь, что в упорной, жестокой борьбе с дьяволом, началом материальных сил, мне суждено победить, и после того материя и дух сольются в гармонии прекрасной и наступит царство мировой воли. Но это будет, лишь когда мало-помалу, через длинный, длинный ряд тысячелетий, и луна, и светлый Сириус, и земля обратятся в пыль… А до тех пор ужас, ужас…

Пауза; на фоне озера показываются две красные точки.

Вот приближается мой могучий противник, дьявол. Я вижу его страшные, багровые глаза...

Аркадина. Серой пахнет. Это так нужно?

Треплев. Да.

Аркадина *(смеется).* Да, это эффект.

Треплев. Мама!

Нина. Он скучает без человека...

Полина Андреевна *(Дорну).* Вы сняли шляпу. Наденьте, а то простудитесь.

Аркадина. Это доктор снял шляпу перед дьяволом, отцом вечной материи.

Треплев *(вспылив, громко).* Пьеса кончена! Довольно! Занавес!

Аркадина. Что же ты сердишься?

Треплев. Довольно! Занавес! Подавай занавес! *(Топнув ногой.)* Занавес!

Занавес опускается.

Виноват! Я выпустил из вида, что писать пьесы и играть на сцене могут только немногие избранные. Я нарушил монополию! Мне... я... *(Хочет еще что-то сказать, но машет рукой и уходит влево.)*

Аркадина. Что с ним?

Сорин. Ирина, нельзя так, матушка, обращаться с молодым самолюбием.

Аркадина. Что же я ему сказала?

Сорин. Ты его обидела.

Аркадина. Он сам предупреждал, что это шутка, и я относилась к его пьесе, как к шутке.

Сорин. Все-таки...

Аркадина. Теперь оказывается, что он написал великое произведение! Скажите пожалуйста! Стало быть, устроил он этот спектакль и надушил серой не для шутки, а для демонстрации... Ему хотелось поучить нас, как надо писать и что нужно играть. Наконец это становится скучно. Эти постоянные вылазки против меня и шпильки, воля ваша, надоедят хоть кому! Капризный, самолюбивый мальчик.

Сорин. Он хотел доставить тебе удовольствие.

Аркадина. Да? Однако же вот он не выбрал какой-нибудь обыкновенной пьесы, а заставил нас прослушать этот декадентский бред. Ради шутки я готова слушать и бред, но ведь тут претензии на новые формы, на новую эру в искусстве. А по-моему, никаких тут новых форм нет, а просто дурной характер.

Тригорин. Каждый пишет так, как хочет и как может.

Аркадина. Пусть он пишет, как хочет и как может, только пусть оставит меня в покое.

Дорн. Юпитер, ты сердишься...

Аркадина. Я не Юпитер, а женщина. *(Закуривает.)* Я не сержусь, мне только досадно, что молодой человек так скучно проводит время. Я не хотела его обидеть.

Медведенко. Никто не имеет основания отделять дух от материи, так как, быть может, самый дух есть совокупность материальных атомов. *(Живо, Тригорину.)* А вот, знаете ли, описать бы в пьесе и потом сыграть на сцене, как живет наш брат — учитель. Трудно, трудно живется!

Аркадина. Это справедливо, но не будем говорить ни о пьесах, ни об атомах. Вечер такой славный! Слышите, господа, поют? *(Прислушивается.)* Как хорошо!

Полина Андреевна. Это на том берегу.

Пауза.

Аркадина *(Тригорину).* Сядьте возле меня. Лет десять — пятнадцать назад здесь, на озере, музыка и пение слышались непрерывно почти каждую ночь. Тут на берегу шесть помещичьих усадеб. Помню, смех, шум, стрельба, и всё романы, романы... Jeune premier'ом и кумиром всех этих шести усадеб был тогда вот, рекомендую *(кивает на Дорна),* доктор Евгений Сергеич. И теперь он очарователен, но тогда был неотразим. Однако меня начинает мучить совесть. За что я обидела моего бедного мальчика? Я непокойна. *(Громко.)* Костя! Сын! Костя!

Маша. Я пойду поищу его.

Аркадина. Пожалуйста, милая.

Маша *(идет влево).* Ау! Константин Гаврилович!.. Ау! *(Уходит.)*

Нина *(выходя из-за эстрады).* Очевидно, продолжения не будет, мне можно выйти. Здравствуйте! *(Целуется с Аркадиной и Полиной Андреевной.)*

Сорин. Браво! браво!

Аркадина. Браво! браво! Мы любовались. С такою наружностью, с таким чудным голосом нельзя, грешно сидеть в деревне. У вас должен быть талант. Слышите? Вы обязаны поступить на сцену!

Нина. О, это моя мечта! *(Вздохнув.)* Но она никогда не осуществится.

Аркадина. Кто знает? Вот позвольте вам представить: Тригорин, Борис Алексеевич.

Нина. Ах, я так рада... *(Сконфузившись.)* Я всегда вас читаю...

Аркадина *(усаживая ее возле).* Не конфузьтесь, милая. Он знаменитость, но у него простая душа. Видите, он сам сконфузился.

Дорн. Полагаю, теперь можно поднять занавес, а то жутко.

Шамраев *(громко).* Яков, подними-ка, братец, занавес!

Занавес поднимается.

Нина *(Тригорину).* Не правда ли, странная пьеса?

Тригорин. Я ничего не понял. Впрочем, смотрел я с удовольствием. Вы так искренно играли. И декорация была прекрасная.

Пауза.

Должно быть, в этом озере много рыбы.

Нина. Да.

Тригорин. Я люблю удить рыбу. Для меня нет больше наслаждения, как сидеть под вечер на берегу и смотреть на поплавок.

Нина. Но, я думаю, кто испытал наслаждение творчества, для того уже все другие наслаждения не существуют.

Аркадина *(смеясь).* Не говорите так. Когда ему говорят хорошие слова, то он проваливается.

Шамраев. Помню, в Москве в оперном театре однажды знаменитый Сильва взял нижнее до. А в это время, как нарочно, сидел на галерее бас из наших синодальных певчих, и вдруг, можете себе представить наше крайнее изумление, мы слышим с галереи: «Браво, Сильва!» — целою октавой ниже... Вот этак *(низким баском):* «Браво, Сильва...» Театр так и замер.

Пауза.

Дорн. Тихий ангел пролетел.

Нина. А мне пора. Прощайте.

Аркадина. Куда? Куда так рано? Мы вас не пустим.

Нина. Меня ждет папа.

Аркадина. Какой он, право...

Целуются.

Ну, что делать. Жаль, жаль вас отпускать.

Нина. Если бы вы знали, как мне тяжело уезжать!

Аркадина. Вас бы проводил кто-нибудь, моя крошка.

Нина *(испуганно).* О нет, нет!

Сорин *(ей, умоляюще).* Останьтесь!

Нина. Не могу, Петр Николаевич.

Сорин. Останьтесь на один час, и все. Ну, что, право...

Нина *(подумав, сквозь слезы).* Нельзя! *(Пожимает руку и быстро уходит.)*

Аркадина. Несчастная девушка, в сущности. Говорят, ее покойная мать завещала мужу все свое громадное состояние, все до копейки, и теперь эта девочка осталась ни с чем, так как отец ее уже завещал все своей второй жене. Это возмутительно.

Дорн. Да, ее папенька порядочная-таки скотина, надо отдать ему полную справедливость.

Сорин *(потирая озябшие руки).* Пойдемте-ка, господа, и мы, а то становится сыро. У меня ноги болят.

Аркадина. Они у тебя, как деревянные, едва ходят. Ну, пойдем, старик злосчастный. *(Берет его под руку.)*

Шамраев *(подавая руку жене).* Мадам?

Сорин. Я слышу, опять воет собака. *(Шамраеву.)* Будьте добры, Илья Афанасьевич, прикажите отвязать ее.

Шамраев. Нельзя, Петр Николаевич, боюсь, как бы воры в амбар не забрались. Там у меня просо. *(Идущему рядом Медведенку.)* Да, на целую октаву ниже: «Браво, Сильва!» А ведь не певец, простой синодальный певчий.

Медведенко. А сколько жалованья получает синодальный певчий?

Все уходят, кроме Дорна.

Дорн *(один)*. Не знаю, быть может, я ничего не понимаю или сошел с ума, но пьеса мне понравилась. В ней что-то есть. Когда эта девочка говорила об одиночестве и потом, когда показались красные глаза дьявола, у меня от волнения дрожали руки. Свежо, наивно... Вот, кажется, он идет. Мне хочется наговорить ему побольше приятного.

Треплев *(входит)*. Уже нет никого.

Дорн. Я здесь.

Треплев. Меня по всему парку ищет Машенька. Несносное создание.

Дорн. Константин Гаврилович, мне ваша пьеса чрезвычайно понравилась. Странная она какая-то, и конца я не слышал, и все-таки впечатление сильное. Вы талантливый человек, вам надо продолжать.

Треплев крепко жмет ему руку и обнимает порывисто.

Фуй, какой нервный. Слезы на глазах... Я что хочу сказать? Вы взяли сюжет из области отвлеченных идей. Так и следовало, потому что художественное произведение непременно должно выражать какую-нибудь большую мысль. Только то прекрасно, что серьезно. Как вы бледны!

Треплев. Так вы говорите — продолжать?

Дорн. Да... Но изображайте только важное и вечное. Вы знаете, я прожил свою жизнь разнообразно и со вкусом, я доволен, но если бы мне пришлось испытать подъем духа, какой бывает у художников во время творчества, то, мне кажется, я презирал бы свою материальную оболочку и все, что этой оболочке свойственно, и уносился бы от земли подальше в высоту.

Треплев. Виноват, где Заречная?

Дорн. И вот еще что. В произведении должна быть ясная, определенная мысль. Вы должны знать, для чего пишете, иначе если пойдете по этой живописной дороге без определенной цели, то вы заблудитесь и ваш талант погубит вас.

Треплев *(нетерпеливо).* Где Заречная?

Дорн. Она уехала домой.

Треплев *(в отчаянии).* Что же мне делать? Я хочу ее видеть... Мне необходимо ее видеть... Я поеду...

Маша входит.

Дорн *(Треплеву).* Успокойтесь, мой друг.

Треплев. Но все-таки я поеду. Я должен поехать.

Маша. Идите, Константин Гаврилович, в дом. Вас ждет ваша мама. Она непокойна.

Треплев. Скажите ей, что я уехал. И прошу вас всех, оставьте меня в покое! Оставьте! Не ходите за мной!

Дорн. Но, но, но, милый... нельзя так... Нехорошо.

Треплев *(сквозь слезы).* Прощайте, доктор. Благодарю... *(Уходит.)*

Дорн *(вздохнув).* Молодость, молодость!

Маша. Когда нечего больше сказать, то говорят: молодость, молодость... *(Нюхает табак.)*

Дорн *(берет у нее табакерку и швыряет в кусты).* Это гадко!

Пауза.

В доме, кажется, играют. Надо идти.

Маша. Погодите.

Дорн. Что?

Маша. Я еще раз хочу вам сказать. Мне хочется поговорить... *(Волнуясь.)* Я не люблю своего отца... но к вам лежит мое сердце. Почему-то я всею душой чувствую, что вы мне близки... Помогите же мне. Помогите, а то я сделаю глупость, я насмеюсь над своею жизнью, испорчу ее... Не могу дольше...

Дорн. Что? В чем помочь?

Маша. Я страдаю. Никто, никто не знает моих страданий! *(Кладет ему голову на грудь, тихо.)* Я люблю Константина.

Дорн. Как все нервны! Как все нервны! И сколько любви... О, колдовское озеро! *(Нежно.)* Ну что же я могу сделать, дитя мое? Что? Что?

Занавес

Действие второе

Площадка для крокета. В глубине направо дом с большою террасой, налево видно озеро, в котором, отражаясь, сверкает солнце. Цветники. Полдень. Жарко. Сбоку площадки, в тени старой липы, сидят на скамье **Аркадина**, **Дорн** *и* **Маша**. *У Дорна на коленях раскрытая книга.*

Аркадина *(Маше).* Вот встанемте.

Обе встают.

Станем рядом. Вам двадцать два года, а мне почти вдвое. Евгений Сергеич, кто из нас моложавее?

Дорн. Вы, конечно.

Аркадина. Вот-с… А почему? Потому что я работаю, я чувствую, я постоянно в суете, а вы сидите всё на одном месте, не живете… И у меня правило: не заглядывать в будущее. Я никогда не думаю ни о старости, ни о смерти. Чему быть, того не миновать.

Маша. А у меня такое чувство, как будто я родилась уже давно-давно; жизнь свою я тащу волоком, как бесконечный шлейф… И часто не бывает никакой охоты жить. *(Садится.)* Конечно, это все пустяки. Надо встряхнуться, сбросить с себя все это.

Дорн *(напевает тихо).* «Расскажите вы ей, цветы мои…»

Аркадина. Затем я корректна, как англичанин. Я, милая, держу себя в струне, как говорится, и всегда одета и причесана comme il faut. Чтобы я позволила себе выйти из дому, хотя бы вот в сад, в блузе или непричесанной? Никогда. Оттого я и сохранилась, что никогда не была фефелой, не распускала себя, как некоторые… *(Подбоченясь, прохаживается по площадке.)* Вот вам, — как цыпочка. Хоть пятнадцатилетнюю девочку играть.

Дорн. Ну-с, тем не менее все-таки я продолжаю. *(Берет книгу.)* Мы остановились на лабазнике и крысах…

Аркадина. И крысах. Читайте. *(Садится.)* Впрочем, дайте мне, я буду читать. Моя очередь. *(Берет книгу и ищет в ней глазами.)* И крысах... Вот оно... *(Читает.)* «И, разумеется, для светских людей баловать романистов и привлекать их к себе так же опасно, как лабазнику воспитывать крыс в своих амбарах. А между тем их любят. Итак, когда женщина избрала писателя, которого она желает заполонить, она осаждает его посредством комплиментов, любезностей и угождений...» Ну, это у французов, может быть, но у нас ничего подобного, никаких программ. У нас женщина обыкновенно, прежде чем заполонить писателя, сама уже влюблена по уши, сделайте милость. Недалеко ходить, взять хоть меня и Тригорина...

*Идет **Сорин**, опираясь на трость, и рядом с ним **Нина**; **Медведенко** катит за ними пустое кресло.*

Сорин *(тоном, каким ласкают детей)*. Да? У нас радость? Мы сегодня веселы в конце концов? *(Сестре.)* У нас радость! Отец и мачеха уехали в Тверь, и мы теперь свободны на целых три дня.

Нина *(садится рядом с Аркадиной и обнимает ее)*. Я счастлива! Я теперь принадлежу вам.

Сорин *(садится в свое кресло)*. Она сегодня красивенькая.

Аркадина. Нарядная, интересная… За это вы умница. *(Целует Нину.)* Но не нужно очень хвалить, а то сглазим. Где Борис Алексеевич?

Нина. Он в купальне рыбу удит.

Аркадина. Как ему не надоест! *(Хочет продолжать читать.)*

Нина. Это вы что?

Аркадина. Мопассан, «На воде», милочка. *(Читает несколько строк про себя.)* Ну, дальше неинтересно и неверно. *(Закрывает книгу.)* Непокойна у меня душа. Скажите, что с моим сыном? Отчего он так скучен и суров? Он целые дни проводит на озере, и я его почти совсем не вижу.

Маша. У него нехорошо на душе. *(Нине, робко.)* Прошу вас, прочтите из его пьесы!

Нина *(пожав плечами).* Вы хотите? Это так неинтересно!

Маша *(сдерживая восторг).* Когда он сам читает что-нибудь, то глаза у него горят и лицо становится бледным. У него прекрасный, печальный голос, а манеры как у поэта.

Слышно, как храпит Сорин.

Дорн. Спокойной ночи!

Аркадина. Петруша!

Сорин. А?

Аркадина. Ты спишь?

Сорин. Нисколько.

Пауза.

Аркадина. Ты не лечишься, а это нехорошо, брат.

Сорин. Я рад бы лечиться, да вот доктор не хочет.

Дорн. Лечиться в шестьдесят лет!

Сорин. И в шестьдесят лет жить хочется.

Дорн *(досадливо).* Э! Ну, принимайте валериановые капли.

Аркадина. Мне кажется, ему хорошо бы поехать куда-нибудь на воды.

Дорн. Что ж? Можно поехать. Можно и не поехать.

Аркадина. Вот и пойми.

Дорн. И понимать нечего. Все ясно.

Пауза.

Медведенко. Петру Николаевичу следовало бы бросить курить.

Сорин. Пустяки.

Дорн. Нет, не пустяки. Вино и табак обезличивают. После сигары или рюмки водки вы уже не Петр Николаевич, а Петр Николаевич плюс еще кто-то; у вас расплывается ваше я, и вы уже относитесь к самому себе, как к третьему лицу — он.

Сорин *(смеется).* Вам хорошо рассуждать. Вы пожили на своем веку, а я? Я прослужил по судебному ведомству двадцать восемь лет, но еще не жил, ничего не испытал, в конце концов, и, понятная вещь, жить мне очень хочется. Вы сыты и равнодушны, и потому имеете наклонность к философии, я же хочу жить и потому пью за обедом херес и курю сигары, и все. Вот и все.

Дорн. Надо относиться к жизни серьезно, а лечиться в шестьдесят лет, жалеть, что в молодости мало наслаждался, это, извините, легкомыслие.

Маша *(встает).* Завтракать пора, должно быть. *(Идет ленивою, вялою походкой.)* Ногу отсидела... *(Уходит.)*

Дорн. Пойдет и перед завтраком две рюмочки пропустит.

Сорин. Личного счастья нет у бедняжки.

Дорн. Пустое, ваше превосходительство.

Сорин. Вы рассуждаете, как сытый человек.

Аркадина. Ах, что может быть скучнее этой вот милой деревенской скуки! Жарко, тихо, никто ничего не делает, все философствуют… Хорошо с вами, друзья, приятно вас слушать, но… сидеть у себя в номере и учить роль — куда лучше!

Нина *(восторженно).* Хорошо! Я понимаю вас.

Сорин. Конечно, в городе лучше. Сидишь в своем кабинете, лакей никого не впускает без доклада, телефон… на улице извозчики и все…

Дорн *(напевает).* «Расскажите вы ей, цветы мои…»

Входит **Шамраев**, *за ним* **Полина Андреевна.**

Шамраев. Вот и наши. Добрый день! *(Целует руку у Аркадиной, потом у Нины.)* Весьма рад видеть вас в добром здоровье. *(Аркадиной.)* Жена говорит, что вы собираетесь сегодня ехать с нею вместе в город. Это правда?

Аркадина. Да, мы собираемся.

Шамраев. Гм… Это великолепно, но на чем же вы поедете, многоуважаемая? Сегодня у нас возят рожь, все работники заняты. А на каких лошадях, позвольте вас спросить?

Аркадина. На каких? Почем я знаю — на каких!

Сорин. У нас же выездные есть.

Шамраев *(волнуясь)*. Выездные? А где я возьму хомуты? Где я возьму хомуты? Это удивительно! Это непостижимо! Высокоуважаемая! Извините, я благоговею перед вашим талантом, готов отдать за вас десять лет жизни, но лошадей я вам не могу дать!

Аркадина. Но если я должна ехать? Странное дело!

Шамраев. Многоуважаемая! Вы не знаете, что значит хозяйство!

Аркадина *(вспылив)*. Это старая история! В таком случае я сегодня же уезжаю в Москву. Прикажите нанять для меня лошадей в деревне, а то я уйду на станцию пешком!

Шамраев *(вспылив)*. В таком случае я отказываюсь от места! Ищите себе другого управляющего! *(Уходит.)*

Аркадина. Каждое лето так, каждое лето меня здесь оскорбляют! Нога моя здесь больше не будет! *(Уходит влево, где предполагается купальня; через*

минуту видно, как она проходит в дом; за нею идет
Тригорин с удочками и с ведром.)

Сорин *(вспылив).* Это нахальство! Это черт знает
что такое! Мне это надоело, в конце концов. Сейчас
же подать сюда всех лошадей!

Нина *(Полине Андреевне).* Отказать Ирине
Николаевне, знаменитой артистке! Разве всякое
желание ее, даже каприз, не важнее вашего
хозяйства? Просто невероятно!

Полина Андреевна *(в отчаянии).* Что я могу?
Войдите в мое положение: что я могу?

Сорин *(Нине).* Пойдемте к сестре... Мы все будем
умолять ее, чтобы она не уезжала. Не правда ли?
(Глядя по направлению, куда ушел Шамраев.)
Невыносимый человек! Деспот!

Нина *(мешая ему встать).* Сидите, сидите... Мы
вас довезем...

Она и Медведенко катят кресло.

О, как это ужасно!..

Сорин. Да, да, это ужасно... Но он не уйдет, я сейчас
поговорю с ним.

*Уходят; остаются только Дорн и Полина
Андреевна.*

Дорн. Люди скучны. В сущности, следовало бы вашего мужа отсюда просто в шею, а ведь все кончится тем, что эта старая баба Петр Николаевич и его сестра попросят у него извинения. Вот увидите!

Полина Андреевна. Он и выездных лошадей послал в поле. И каждый день такие недоразумения. Если бы вы знали, как это волнует меня! Я заболеваю; видите, я дрожу... Я не выношу его грубости. *(Умоляюще.)* Евгений, дорогой, ненаглядный, возьмите меня к себе... Время наше уходит, мы уже не молоды, и хоть бы в конце жизни нам не прятаться, не лгать...

Пауза.

Дорн. Мне пятьдесят пять лет, уже поздно менять свою жизнь.

Полина Андреевна. Я знаю, вы отказываете мне потому, что, кроме меня, есть женщины, которые вам близки. Взять всех к себе невозможно. Я понимаю. Простите, я надоела вам.

Нина *показывается около дома; она рвет цветы.*

Дорн. Нет, ничего.

Полина Андреевна. Я страдаю от ревности. Конечно, вы доктор, вам нельзя избегать женщин. Я понимаю...

Дорн *(Нине, которая подходит).* Как там?

Нина. Ирина Николаевна плачет, а у Петра Николаевича астма.

Дорн *(встает).* Пойти дать обоим валериановых капель...

Нина *(подает ему цветы).* Извольте!

Дорн. Merci bien. *(Идет к дому.)*

Полина Андреевна *(идя с ним).* Какие миленькие цветы! *(Около дома, глухим голосом.)* Дайте мне эти цветы! Дайте мне эти цветы! *(Получив цветы, рвет их и бросает в сторону.)*

Оба идут в дом.

Нина *(одна).* Как странно видеть, что известная артистка плачет, да еще по такому пустому поводу! И не странно ли, знаменитый писатель, любимец публики, о нем пишут во всех газетах, портреты его продаются, его переводят на иностранные языки, а он целый день ловит рыбу и радуется, что поймал двух голавлей. Я думала, что известные люди горды, неприступны, что они презирают толпу и своею славой, блеском своего имени как бы мстят ей за то, что она выше всего ставит знатность происхождения и богатство. Но они вот плачут, удят рыбу, играют в карты, смеются и сердятся, как все...

Треплев *(входит без шляпы, с ружьем и с убитою чайкой)*. Вы одни здесь?

Нина. Одна.

Треплев кладет у ее ног чайку.

Что это значит?

Треплев. Я имел подлость убить сегодня эту чайку. Кладу у ваших ног.

Нина. Что с вами? *(Поднимает чайку и глядит на нее.)*

Треплев *(после паузы)*. Скоро таким же образом я убью самого себя.

Нина. Я вас не узнаю.

Треплев. Да, после того, как я перестал узнавать вас. Вы изменились ко мне, ваш взгляд холоден, мое присутствие стесняет вас.

Нина. В последнее время вы стали раздражительны, выражаетесь все непонятно, какими-то символами. И вот эта чайка тоже, по-видимому, символ, но, простите, я не понимаю… *(Кладет чайку на скамью.)* Я слишком проста, чтобы понимать вас.

Треплев. Это началось с того вечера, когда так глупо провалилась моя пьеса. Женщины не прощают неуспеха. Я все сжег, все до последнего клочка. Если бы вы знали, как я несчастлив! Ваше охлаждение страшно, невероятно, точно я проснулся и вижу вот, будто это озеро вдруг высохло или утекло в землю. Вы только что сказали, что вы слишком просты, чтобы понимать меня. О, что тут понимать?! Пьеса не понравилась, вы презираете мое вдохновение, уже считаете меня заурядным, ничтожным, каких много… *(Топнув ногой.)* Как это я хорошо понимаю, как понимаю! У меня в мозгу точно гвоздь, будь он проклят вместе с моим самолюбием, которое сосет мою кровь, сосет, как змея… *(Увидев Тригорина, который идет, читая книжку.)* Вот идет истинный талант; ступает, как Гамлет, и тоже с книжкой. *(Дразнит.)* «Слова, слова, слова…» Это солнце еще не подошло к вам, а вы уже улыбаетесь, взгляд ваш растаял в его лучах. Не стану мешать вам. *(Уходит быстро.)*

Тригорин *(записывая в книжку).* Нюхает табак и пьет водку… Всегда в черном. Ее любит учитель…

Нина. Здравствуйте, Борис Алексеевич!

Тригорин. Здравствуйте. Обстоятельства неожиданно сложились так, что, кажется, мы сегодня уезжаем. Мы с вами едва ли еще увидимся когда-нибудь. А жаль. Мне приходится не часто встречать молодых девушек, молодых и интересных, я уже забыл и не могу себе ясно представить, как чувствуют себя в восемнадцать-девятнадцать лет, и потому у меня в повестях и рассказах молодые девушки обыкновенно фальшивы. Я бы вот хотел хоть один час побыть на вашем месте, чтобы узнать, как вы думаете и вообще что вы за штучка.

Нина. А я хотела бы побывать на вашем месте.

Тригорин. Зачем?

Нина. Чтобы узнать, как чувствует себя известный, талантливый писатель. Как чувствуется известность? Как вы ощущаете то, что вы известны?

Тригорин. Как? Должно быть, никак. Об этом я никогда не думал. *(Подумав.)* Что-нибудь из двух: или вы преувеличиваете мою известность, или же вообще она никак не ощущается.

Нина. А если читаете про себя в газетах?

Тригорин. Когда хвалят, приятно, а когда бранят, то потом два дня чувствуешь себя не в духе.

Нина. Чудный мир! Как я завидую вам, если бы вы знали! Жребий людей различен. Одни едва влачат свое скучное, незаметное существование, все похожие друг на друга, все несчастные; другим же, как, например, вам, — вы один из миллиона, —

выпала на долю жизнь интересная, светлая, полная значения... Вы счастливы...

Тригорин. Я? *(Пожимая плечами.)* Гм... Вы вот говорите об известности, о счастье, о какой-то светлой, интересной жизни, а для меня все эти хорошие слова, простите, все равно что мармелад, которого я никогда не ем. Вы очень молоды и очень добры.

Нина. Ваша жизнь прекрасна!

Тригорин. Что же в ней особенно хорошего? *(Смотрит на часы.)* Я должен сейчас идти и писать. Извините, мне некогда... *(Смеется.)* Вы, как говорится, наступили на мою самую любимую мозоль, и вот я начинаю волноваться и немного сердиться. Впрочем, давайте говорить. Будем говорить о моей прекрасной, светлой жизни... Ну-с, с чего начнем? *(Подумав немного.)* Бывают насильственные представления, когда человек день и ночь думает, например, все о луне, и у меня есть своя такая луна. День и ночь одолевает меня одна неотвязчивая мысль: я должен писать, я должен писать, я должен... Едва кончил повесть, как уже почему-то должен писать другую, потом третью, после третьей четвертую... Пишу непрерывно, как на перекладных, и иначе не могу. Что же тут прекрасного и светлого, я вас спрашиваю? О, что за дикая жизнь! Вот я с вами, я волнуюсь, а между тем каждое мгновение помню, что меня ждет неоконченная повесть. Вижу вот облако, похожее на рояль. Думаю: надо будет упомянуть где-нибудь в рассказе, что плыло облако, похожее на рояль. Пахнет гелиотропом. Скорее мотаю на ус: приторный запах, вдовий цвет, упомянуть при описании летнего вечера. Ловлю себя и вас на каждой фразе, на каждом слове и спешу скорее запереть все эти фразы и слова в свою литературную кладовую: авось пригодится! Когда кончаю работу, бегу в театр или удить рыбу; тут бы и отдохнуть, забыться, ан — нет, в голове уже ворочается тяжелое чугунное ядро — новый сюжет, и уже тянет к столу, и надо спешить опять писать и писать. И так всегда, всегда, и нет мне покоя от самого себя, и я чувствую, что съедаю собственную жизнь, что для меда, который я отдаю кому-то в пространство, я обираю пыль с лучших своих цветов, рву самые цветы и топчу их корни. Разве я не сумасшедший? Разве мои близкие и знакомые держат себя со мною как со здоровым? «Что пописываете? Чем нас подарите?» Одно и то же, одно и то же, и мне кажется, что это внимание знакомых, похвалы, восхищение — все это обман, меня обманывают, как больного, и я иногда боюсь, что вот-вот подкрадутся ко мне сзади, схватят и повезут, как Поприщина, в сумасшедший дом. А в те годы, в молодые, лучшие годы, когда я начинал, мое писательство было одним сплошным мучением. Маленький писатель, особенно когда ему не везет, кажется себе неуклюжим, неловким, лишним, нервы у него напряжены, издерганы; неудержимо бродит он около людей, причастных к литературе и к искусству, непризнанный, никем не замечаемый, боясь прямо и смело глядеть в глаза, точно страстный игрок, у которого нет денег. Я не видел своего читателя, но почему-то в моем воображении он представлялся мне недружелюбным, недоверчивым. Я боялся публики, она была страшна мне, и когда мне приходилось ставить свою новую пьесу, то мне казалось всякий раз, что брюнеты враждебно настроены, а блондины холодно равнодушны. О, как это ужасно! Какое это было мучение!

Нина. Позвольте, но разве вдохновение и самый процесс творчества не дают вам высоких, счастливых минут?

Тригорин. Да. Когда пишу, приятно. И корректуру читать приятно, но... едва вышло из печати, как я не выношу и вижу уже, что оно не то, ошибка, что его не следовало бы писать вовсе, и мне досадно, на душе дрянно... *(Смеясь.)* А публика читает: «Да, мило, талантливо... Мило, но далеко до Толстого», или: «Прекрасная вещь, но „Отцы и дети" Тургенева лучше». И так до гробовой доски все будет только мило и талантливо, мило и талантливо — больше ничего, а как умру, знакомые, проходя мимо могилы, будут говорить: «Здесь лежит Тригорин. Хороший был писатель, но он писал хуже Тургенева».

Нина. Простите, я отказываюсь понимать вас. Вы просто избалованы успехом.

Тригорин. Каким успехом? Я никогда не нравился себе. Я не люблю себя как писателя. Хуже всего, что я в каком-то чаду и часто не понимаю, что я пишу... Я люблю вот эту воду, деревья, небо, я чувствую природу, она возбуждает во мне страсть, непреодолимое желание писать. Но ведь я не пейзажист только, я ведь еще гражданин, я люблю родину, народ, я чувствую, что если я писатель, то я обязан говорить о народе, об его страданиях, об его будущем, говорить о науке, о правах человека и прочее и прочее, и я говорю обо всем, тороплюсь, меня со всех сторон подгоняют, сердятся, я мечусь из стороны в сторону, как лисица, затравленная псами, вижу, что жизнь и наука все уходят вперед и вперед, а я все отстаю и отстаю, как мужик, опоздавший на поезд, и в конце концов чувствую, что я умею писать только пейзаж, а во всем остальном я фальшив, и фальшив до мозга костей.

Нина. Вы заработались, и у вас нет времени и охоты сознать свое значение. Пусть вы недовольны собою, но для других вы велики и прекрасны! Если бы я была таким писателем, как вы, то я отдала бы толпе всю свою жизнь, но сознавала бы, что счастье ее только в том, чтобы возвышаться до меня, и она возила бы меня на колеснице.

Тригорин. Ну, на колеснице... Агамемнон я, что ли?

Оба улыбнулись.

Нина. За такое счастье, как быть писательницей или артисткой, я перенесла бы нелюбовь близких, нужду, разочарование, я жила бы под крышей и ела бы только ржаной хлеб, страдала бы от недовольства собою, от сознания своих несовершенств, но зато бы уж я потребовала славы... настоящей, шумной славы... *(Закрывает лицо руками.)* Голова кружится... Уф!..

Голос Аркадиной из дому: «Борис Алексеевич!»

Тригорин. Меня зовут... Должно быть, укладываться. А не хочется уезжать. *(Оглядывается на озеро.)* Ишь ведь какая благодать!.. Хорошо!

Нина. Видите на том берегу дом и сад?

Тригорин. Да.

Нина. Это усадьба моей покойной матери. Я там родилась. Я всю жизнь провела около этого озера и знаю на нем каждый островок.

Тригорин. Хорошо у вас тут! *(Увидев чайку.)* А это что?

Нина. Чайка. Константин Гаврилыч убил.

Тригорин. Красивая птица. Право, не хочется уезжать. Вот уговорите-ка Ирину Николаевну, чтобы она осталась. *(Записывает в книжку.)*

Нина. Что это вы пишете?

Тригорин. Так, записываю... Сюжет мелькнул... *(Пряча книжку.)* Сюжет для небольшого рассказа: на берегу озера с детства живет молодая девушка, такая, как вы; любит озеро, как чайка, и счастлива, и свободна, как чайка. Но случайно пришел человек, увидел и от нечего делать погубил ее, как вот эту чайку.

Пауза.

*В окне показывается **Аркадина**.*

Аркадина. Борис Алексеевич, где вы?

Тригорин. Сейчас! *(Идет и оглядывается на Нину; у окна, Аркадиной.)* Что?

Аркадина. Мы остаемся.

Тригорин уходит в дом.

Нина *(подходит к рампе; после некоторого раздумья).* Сон!

Занавес

Действие третье

Столовая в доме Сорина. Направо и налево двери. Буфет. Шкап с лекарствами. Посреди комнаты стол. Чемодан и картонки; заметны приготовления к отъезду.

Тригорин *завтракает.* **Маша** *стоит у стола.*

Маша. Все это я рассказываю вам как писателю. Можете воспользоваться. Я вам по совести: если бы он ранил себя серьезно, то я не стала бы жить ни одной минуты. А все ж я храбрая. Вот взяла и решила: вырву эту любовь из своего сердца, с корнем вырву.

Тригорин. Каким же образом?

Маша. Замуж выхожу. За Медведенка.

Тригорин. Это за учителя?

Маша. Да.

Тригорин. Не понимаю, какая надобность.

Маша. Любить безнадежно, целые годы все ждать чего-то... А как выйду замуж, будет уже не до любви, новые заботы заглушат все старое. И все-таки, знаете ли, перемена. Не повторить ли нам?

Тригорин. А не много ли будет?

Маша. Ну вот! *(Наливает по рюмке.)* Вы не смотрите на меня так. Женщины пьют чаще, чем вы думаете. Меньшинство пьет открыто, как я, а большинство тайно. Да. И всё водку или коньяк. *(Чокается.)* Желаю вам! Вы человек простой, жалко с вами расставаться.

Пьют.

Тригорин. Мне самому не хочется уезжать.

Маша. А вы попросите, чтобы она осталась.

Тригорин. Нет, теперь не останется. Сын ведет себя крайне бестактно. То стрелялся, а теперь, говорят, собирается меня на дуэль вызвать. А чего ради? Дуется, фыркает, проповедует новые формы... Но ведь всем хватит места, и новым и старым, — зачем толкаться?

Маша. Ну, и ревность. Впрочем, это не мое дело.

Пауза. **Яков** *проходит слева направо с чемоданом; входит* **Нина** *и останавливается у окна.*

Мой учитель не очень-то умен, но добрый человек и бедняк и меня сильно любит. Его жалко. И его мать-старушку жалко. Ну-с, позвольте пожелать вам всего хорошего. Не поминайте лихом. *(Крепко пожимает руку.)* Очень вам благодарна за ваше доброе расположение. Пришлите же мне ваши книжки, непременно с автографом. Только не пишите «многоуважаемой», а просто так: «Марье, родства не помнящей, неизвестно для чего живущей на этом свете». Прощайте! *(Уходит.)*

Нина *(протягивая в сторону Тригорина руку, сжатую в кулак)*. Чет или нечет?

Тригорин. Чет.

Нина *(вздохнув)*. Нет. У меня в руке только одна горошина. Я загадала: идти мне в актрисы или нет? Хоть бы посоветовал кто.

Тригорин. Тут советовать нельзя.

Пауза.

Нина. Мы расстаемся и... пожалуй, более уже не увидимся. Я прошу вас принять от меня на память вот этот маленький медальон. Я приказала вырезать ваши инициалы... а с этой стороны название вашей книжки: «Дни и ночи».

Тригорин. Как грациозно! *(Целует медальон.)* Прелестный подарок!

Нина. Иногда вспоминайте обо мне.

Тригорин. Я буду вспоминать. Я буду вспоминать вас, какою вы были в тот ясный день — помните? — неделю назад, когда вы были в светлом платье… Мы разговаривали… еще тогда на скамье лежала белая чайка.

Нина *(задумчиво)*. Да, чайка…

Пауза.

Больше нам говорить нельзя, сюда идут… Перед отъездом дайте мне две минуты, умоляю вас… *(Уходит влево.)*

Одновременно входят справа **Аркадина**, **Сорин** *во фраке со звездой, потом* **Яков**, *озабоченный укладкой.*

Аркадина. Оставайся-ка, старик, дома. Тебе ли с твоим ревматизмом разъезжать по гостям? *(Тригорину.)* Это кто сейчас вышел? Нина?

Тригорин. Да.

Аркадина. Pardon, мы помешали… *(Садится.)* Кажется, все уложила. Замучилась.

Тригорин *(читает на медальоне)*. «Дни и ночи», страница 121, строки 11 и 12.

Яков *(убирая со стола)*. Удочки тоже прикажете уложить?

Тригорин. Да, они мне еще понадобятся. А книги отдай кому-нибудь.

Яков. Слушаю.

Тригорин *(про себя).* Страница 121, строки 11 и 12. Что же в этих строках? *(Аркадиной.)* Тут в доме есть мои книжки?

Аркадина. У брата в кабинете, в угловом шкапу.

Тригорин. Страница 121... *(Уходит.)*

Аркадина. Право, Петруша, остался бы дома...

Сорин. Вы уезжаете, без вас мне будет тяжело дома.

Аркадина. А в городе что же?

Сорин. Особенного ничего, но все же. *(Смеется.)* Будет закладка земского дома и все такое... Хочется хоть на час-другой воспрянуть от этой пескариной жизни, а то очень уж я залежался, точно старый мундштук. Я приказал подавать лошадей к часу, в одно время и выедем.

Аркадина *(после паузы).* Ну, живи тут, не скучай, не простуживайся. Наблюдай за сыном. Береги его. Наставляй.

Пауза.

Вот уеду, так и не буду знать, отчего стрелялся Константин. Мне кажется, главной причиной была ревность, и чем скорее я увезу отсюда Тригорина, тем лучше.

Сорин. Как тебе сказать? Были и другие причины. Понятная вещь, человек молодой, умный, живет в деревне, в глуши, без денег, без положения, без будущего. Никаких занятий. Стыдится и боится своей праздности. Я его чрезвычайно люблю, и он ко мне привязан, но все же в конце концов ему кажется, что он лишний в доме, что он тут нахлебник, приживал. Понятная вещь, самолюбие...

Аркадина. Горе мне с ним! *(В раздумье.)* Поступить бы ему на службу, что ли...

Сорин *(насвистывает, потом нерешительно).* Мне кажется, было бы самое лучшее, если бы ты... дала ему немного денег. Прежде всего ему нужно одеться по-человечески, и все. Посмотри, один и тот же сюртучишко он таскает три года, ходит без пальто... *(Смеется.)* Да и погулять малому не мешало бы... Поехать за границу, что ли... Это ведь не дорого стоит.

Аркадина. Все-таки... Пожалуй, на костюм я еще могу, но чтобы за границу... Нет, в настоящее время и на костюм не могу. *(Решительно.)* Нет у меня денег!

Сорин смеется.

Нет!

Сорин *(насвистывает).* Так-с. Прости, милая, не сердись. Я тебе верю... Ты великодушная, благородная женщина.

Аркадина *(сквозь слезы).* Нет у меня денег!

Сорин. Будь у меня деньги, понятная вещь, я бы сам дал ему, но у меня ничего нет, ни пятачка. *(Смеется.)* Всю мою пенсию у меня забирает управляющий и тратит на земледелие, скотоводство, пчеловодство, и деньги мои пропадают даром. Пчелы дохнут, коровы дохнут, лошадей мне никогда не дают...

Аркадина. Да, у меня есть деньги, но ведь я артистка; одни туалеты разорили совсем.

Сорин. Ты добрая, милая... Я тебя уважаю... Да... Но опять со мною что-то того... *(Пошатывается.)* Голова кружится. *(Держится за стол.)* Мне дурно, и все.

Аркадина *(испуганно).* Петруша! *(Стараясь поддержать его.)* Петруша, дорогой мой... *(Кричит.)* Помогите мне! Помогите!..

Входят **Треплев** *с повязкой на голове,* **Медведенко.**

Ему дурно!

Сорин. Ничего, ничего... *(Улыбается и пьет воду.)* Уже прошло... и все...

Треплев *(матери).* Не пугайся, мама, это не опасно. С дядей теперь это часто бывает. *(Дяде.)* Тебе, дядя, надо полежать.

Сорин. Немножко, да... А все-таки в город я поеду... Полежу и поеду... понятная вещь... *(Идет, опираясь на трость.)*

Медведенко *(ведет его под руку).* Есть загадка: утром на четырех, в полдень на двух, вечером на трех...

Сорин *(смеется).* Именно. А ночью на спине. Благодарю вас, я сам могу идти...

Медведенко. Ну вот, церемонии!..

Он и Сорин уходят.

Аркадина. Как он меня напугал!

Треплев. Ему нездорово жить в деревне. Тоскует. Вот если бы ты, мама, вдруг расщедрилась и дала ему взаймы тысячи полторы-две, то он мог бы прожить в городе целый год.

Аркадина. У меня нет денег. Я актриса, а не банкирша.

Пауза.

Треплев. Мама, перемени мне повязку. Ты это хорошо делаешь.

Аркадина *(достает из аптечного шкапа йодоформ и ящик с перевязочным материалом).* А доктор опоздал.

Треплев. Обещал быть к десяти, а уже полдень.

Аркадина. Садись. *(Снимает у него с головы повязку.)* Ты как в чалме. Вчера один приезжий спрашивал на кухне, какой ты национальности. А у тебя почти совсем зажило. Остались самые пустяки. *(Целует его в голову.)* А ты без меня опять не сделаешь чик-чик?

Треплев. Нет, мама. То была минута безумного отчаяния, когда я не мог владеть собою. Больше это не повторится. *(Целует ей руку.)* У тебя золотые руки. Помню, очень давно, когда ты еще служила на казенной сцене — я тогда был маленьким, — у нас во дворе была драка, сильно побили жилицу-прачку. Помнишь? Ее подняли без чувств... ты все ходила к ней, носила лекарства, мыла в корыте ее детей. Неужели не помнишь?

Аркадина. Нет. *(Накладывает новую повязку.)*

Треплев. Две балерины жили тогда в том же доме, где мы... Ходили к тебе кофе пить...

Аркадина. Это помню.

Треплев. Богомольные они такие были.

Пауза.

В последнее время, вот в эти дни, я люблю тебя так же нежно и беззаветно, как в детстве. Кроме тебя, теперь у меня никого не осталось. Только зачем, зачем ты поддаешься влиянию этого человека?

Аркадина. Ты не понимаешь его, Константин. Это благороднейшая личность...

Треплев. Однако когда ему доложили, что я собираюсь вызвать его на дуэль, благородство не помешало ему сыграть труса. Уезжает. Позорное бегство!

Аркадина. Какой вздор! Я сама прошу его уехать отсюда.

Треплев. Благороднейшая личность! Вот мы с тобою почти ссоримся из-за него, а он теперь где-нибудь в гостиной или в саду смеется над нами... развивает Нину, старается окончательно убедить ее, что он гений.

Аркадина. Для тебя наслаждение говорить мне неприятности. Я уважаю этого человека и прошу при мне не выражаться о нем дурно.

Треплев. А я не уважаю. Ты хочешь, чтобы я тоже считал его гением, но прости, я лгать не умею, от его произведений мне претит.

Аркадина. Это зависть. Людям не талантливым, но с претензиями, ничего больше не остается, как порицать настоящие таланты. Нечего сказать, утешение!

Треплев *(иронически).* Настоящие таланты! *(Гневно.)* Я талантливее вас всех, коли на то пошло! *(Срывает с головы повязку.)* Вы, рутинеры, захватили первенство в искусстве и считаете законным и настоящим лишь то, что делаете вы сами, а остальное вы гнетете и душите! Не признаю я вас! Не признаю ни тебя, ни его!

Аркадина. Декадент!..

Треплев. Отправляйся в свой милый театр и играй там в жалких, бездарных пьесах!

Аркадина. Никогда я не играла в таких пьесах. Оставь меня! Ты и жалкого водевиля написать не в состоянии. Киевский мещанин! Приживал!

Треплев. Скряга!

Аркадина. Оборвыш!

Треплев садится и тихо плачет.

Ничтожество! *(Пройдясь в волнении.)* Не плачь. Не нужно плакать… *(Плачет.)* Не надо… *(Целует его в лоб, в щеки, в голову.)* Милое мое дитя, прости… Прости свою грешную мать. Прости меня, несчастную.

Треплев *(обнимает ее).* Если бы ты знала! Я все потерял. Она меня не любит, я уже не могу писать… пропали все надежды…

Аркадина. Не отчаивайся… Все обойдется. Он сейчас уедет, она опять тебя полюбит. *(Утирает ему слезы.)* Будет. Мы уже помирились.

Треплев *(целует ей руки).* Да, мама.

Аркадина *(нежно).* Помирись и с ним. Не надо дуэли… Ведь не надо?

Треплев. Хорошо… Только, мама, позволь мне не встречаться с ним. Мне это тяжело… выше сил…

*Входит **Тригорин.***

Вот… Я выйду… *(Быстро убирает в шкап лекарства.)* А повязку уже доктор сделает…

Тригорин *(ищет в книжке).* Страница 121… строки 11 и 12… Вот… *(Читает.)* «Если тебе когда-нибудь понадобится моя жизнь, то приди и возьми ее».

Треплев подбирает с полу повязку и уходит.

Аркадина *(поглядев на часы).* Скоро лошадей подадут.

Тригорин *(про себя).* Если тебе когда-нибудь понадобится моя жизнь, то приди и возьми ее.

Аркадина. У тебя, надеюсь, все уже уложено?

Тригорин *(нетерпеливо).* Да, да... *(В раздумье.)* Отчего в этом призыве чистой души послышалась мне печаль и мое сердце так болезненно сжалось?.. Если тебе когда-нибудь понадобится моя жизнь, то приди и возьми ее. *(Аркадиной.)* Останемся еще на один день!

Аркадина отрицательно качает головой.

Останемся!

Аркадина. Милый, я знаю, что удерживает тебя здесь. Но имей над собою власть. Ты немного опьянел, отрезвись.

Тригорин. Будь ты тоже трезва, будь умна, рассудительна, умоляю тебя, взгляни на все это как истинный друг... *(Жмет ей руку.)* Ты способна на жертвы... Будь моим другом, отпусти меня...

Аркадина *(в сильном волнении).* Ты так увлечен?

Тригорин. Меня манит к ней! Быть может, это именно то, что мне нужно.

Аркадина. Любовь провинциальной девочки? О, как ты мало себя знаешь!

Тригорин. Иногда люди спят на ходу, так вот я говорю с тобою, а сам будто сплю и вижу ее во сне… Мною овладели сладкие, дивные мечты… Отпусти…

Аркадина *(дрожа)*. Нет, нет… Я обыкновенная женщина, со мною нельзя говорить так… Не мучай меня, Борис… Мне страшно…

Тригорин. Если захочешь, ты можешь быть необыкновенною. Любовь юная, прелестная, поэтическая, уносящая в мир грез, — на земле только она одна может дать счастье! Такой любви я не испытал еще… В молодости было некогда, я обивал пороги редакций, боролся с нуждой… Теперь вот она, эта любовь, пришла наконец, манит… Какой же смысл бежать от нее?

Аркадина *(с гневом)*. Ты сошел с ума!

Тригорин. И пускай.

Аркадина. Вы все сговорились сегодня мучить меня! *(Плачет.)*

Тригорин *(берет себя за голову)*. Не понимает! Не хочет понять!

Аркадина. Неужели я уже так стара и безобразна, что со мною можно, не стесняясь, говорить о других женщинах? *(Обнимает его и целует.)* О, ты обезумел! Мой прекрасный, дивный... Ты последняя страница моей жизни! *(Становится на колени.)* Моя радость, моя гордость, мое блаженство... *(Обнимает его колени.)* Если ты покинешь меня хотя на один час, то я не переживу, сойду с ума, мой изумительный, великолепный, мой повелитель...

Тригорин. Сюда могут войти. *(Помогает ей встать.)*

Аркадина. Пусть, я не стыжусь моей любви к тебе. *(Целует ему руки.)* Сокровище мое, отчаянная голова, ты хочешь безумствовать, но я не хочу, не пущу... *(Смеется.)* Ты мой... ты мой... И этот лоб мой, и глаза мои, и эти прекрасные шелковистые волосы тоже мои... Ты весь мой. Ты такой талантливый, умный, лучший из всех теперешних писателей, ты единственная надежда России... У тебя столько искренности, простоты, свежести, здорового юмора... Ты можешь одним штрихом передать главное, что характерно для лица или пейзажа, люди у тебя как живые. О, тебя нельзя читать без восторга! Ты думаешь, это фимиам? Я льщу? Ну, посмотри мне в глаза... посмотри... Похожа я на лгунью? Вот и видишь, я одна умею ценить тебя; одна говорю тебе правду, мой милый, чудный... Поедешь? Да? Ты меня не покинешь?..

Тригорин. У меня нет своей воли... У меня никогда не было своей воли... Вялый, рыхлый, всегда покорный — неужели это может нравиться женщине? Бери меня, увози, но только не отпускай от себя ни на шаг...

Аркадина *(про себя)*. Теперь он мой. *(Развязно, как ни в чем не бывало.)* Впрочем, если хочешь, можешь остаться. Я уеду сама, а ты приедешь потом, через неделю. В самом деле, куда тебе спешить?

Тригорин. Нет, уж поедем вместе.

Аркадина. Как хочешь. Вместе, так вместе...

Пауза.

Тригорин записывает в книжку.

Что ты?

Тригорин. Утром слышал хорошее выражение: «Девичий бор...» Пригодится. *(Потягивается.)* Значит, ехать? Опять вагоны, станции, буфеты, отбивные котлеты, разговоры...

Шамраев *(входит)*. Имею честь с прискорбием заявить, что лошади поданы. Пора уже, многоуважаемая, ехать на станцию; поезд приходит в два и пять минут. Так вы же, Ирина Николаевна, сделайте милость, не забудьте навести справочку: где теперь актер Суздальцев?

Жив ли? Здоров ли? Вместе пивали когда-то... В «Ограбленной почте» играл неподражаемо... С ним тогда, помню, в Елисаветграде служил трагик Измайлов, тоже личность замечательная... Не торопитесь, многоуважаемая, пять минут еще можно. Раз в одной мелодраме они играли заговорщиков, и когда их вдруг накрыли, то надо было сказать: «Мы попали в западню», а Измайлов — «Мы попали в запандю»... *(Хохочет.)* Запандю!..

*Пока он говорит, **Яков** хлопочет около чемоданов, **горничная** приносит Аркадиной шляпу, манто, зонтик, перчатки; все помогают Аркадиной одеться. Из левой двери выглядывает **повар**, который немного погодя входит нерешительно. Входит **Полина Андреевна**, потом **Сорин** и **Медведенко**.*

Полина Андреевна *(с корзиночкой)*. Вот вам слив на дорогу... Очень сладкие. Может, захотите полакомиться...

Аркадина. Вы очень добры, Полина Андреевна.

Полина Андреевна. Прощайте, моя дорогая! Если что было не так, то простите. *(Плачет.)*

Аркадина *(обнимает ее)*. Все было хорошо, все было хорошо. Только вот плакать не нужно.

Полина Андреевна. Время наше уходит!

Аркадина. Что же делать!

Сорин (*в пальто с пелериной, в шляпе, с палкой, выходит из левой двери; проходя через комнату*). Сестра, пора, как бы не опоздать в конце концов. Я иду садиться. (*Уходит.*)

Медведенко. А я пойду пешком на станцию... провожать. Я живо... (*Уходит.*)

Аркадина. До свиданья, мои дорогие... Если будем живы и здоровы, летом опять увидимся...

Горничная, Яков и повар целуют у нее руку.

Не забывайте меня. (*Подает повару рубль.*) Вот вам рубль на троих.

Повар. Покорнейше благодарим, барыня. Счастливой вам дороги! Много вами довольны!

Яков. Дай бог час добрый!

Шамраев. Письмецом бы осчастливили! Прощайте, Борис Алексеевич!

Аркадина. Где Константин? Скажите ему, что я уезжаю. Надо проститься. Ну, не поминайте лихом. (*Якову.*) Я дала рубль повару. Это на троих.

Все уходят вправо. Сцена пуста. За сценой шум, какой бывает, когда провожают. **Горничная** *возвращается, чтобы взять со стола корзину со сливами, и опять уходит.*

Тригорин *(возвращаясь).* Я забыл свою трость. Она, кажется, там на террасе. *(Идет и у левой двери встречается с Ниной, которая входит.)* Это вы? Мы уезжаем…

Нина. Я чувствовала, что мы еще увидимся. *(Возбужденно.)* Борис Алексеевич, я решила бесповоротно, жребий брошен, я поступаю на сцену. Завтра меня уже не будет здесь, я ухожу от отца, покидаю все, начинаю новую жизнь… Я уезжаю, как и вы… в Москву. Мы увидимся там.

Тригорин *(оглянувшись).* Остановитесь в «Славянском базаре»… Дайте мне тотчас же знать… Молчановка, дом Грохольского… Я тороплюсь…

Пауза.

Нина. Еще одну минуту…

Тригорин *(вполголоса).* Вы так прекрасны, О, какое счастье думать, что мы скоро увидимся!

Она склоняется к нему на грудь.

Я опять увижу эти чудные глаза, невыразимо прекрасную, нежную улыбку… эти кроткие черты, выражение ангельской чистоты… Дорогая моя…

Продолжительный поцелуй.

Занавес

Между третьим и четвертым действием проходит два года.

Действие четвертое

Одна из гостиных в доме Сорина, обращенная Константином Треплевым в рабочий кабинет. Направо и налево двери, ведущие во внутренние покои. Прямо стеклянная дверь на террасу. Кроме обычной гостиной мебели, в правом углу письменный стол, возле левой двери турецкий диван, шкап с книгами, книги на окнах, на стульях. — Вечер. Горит одна лампа под колпаком. Полумрак. Слышно, как шумят деревья и воет ветер в трубах.

Стучит сторож.

Медведенко и **Маша** *входят.*

Маша *(окликает).* Константин Гаврилыч! Константин Гаврилыч! *(Осматриваясь.)* Нет никого. Старик каждую минуту все спрашивает, где Костя, где Костя... Жить без него не может...

Медведенко. Боится одиночества. *(Прислушиваясь.)* Какая ужасная погода! Это уже вторые сутки.

Маша *(припускает огня в лампе).* На озере волны. Громадные.

Медведенко. В саду темно. Надо бы сказать, чтобы сломали в саду тот театр. Стоит голый, безобразный, как скелет, и занавеска от ветра хлопает. Когда я вчера вечером проходил мимо, то мне показалось, будто кто в нем плакал…

Маша. Ну вот…

Пауза.

Медведенко. Поедем, Маша, домой!

Маша *(качает отрицательно головой).* Я здесь останусь ночевать.

Медведенко *(умоляюще).* Маша, поедем! Наш ребеночек небось голоден.

Маша. Пустяки. Его Матрена покормит.

Пауза.

Медведенко. Жалко. Уже третью ночь без матери.

Маша. Скучный ты стал. Прежде, бывало, хоть пофилософствуешь, а теперь все ребенок, домой, ребенок, домой, — и больше от тебя ничего не услышишь.

Медведенко. Поедем, Маша!

Маша. Поезжай сам.

Медведенко. Твой отец не даст мне лошади.

Маша. Даст. Ты попроси, он и даст.

Медведенко. Пожалуй, попрошу. Значит, ты завтра приедешь?

Маша *(нюхает табак)*. Ну, завтра. Пристал...

*Входят **Треплев** и **Полина Андреевна**; Треплев принес подушки и одеяло, а Полина Андреевна постельное белье; кладут на турецкий диван, затем Треплев идет к своему столу и садится.*

Зачем это, мама?

Полина Андреевна. Петр Николаевич просил постлать ему у Кости.

Маша. Давайте я... *(Постилает постель.)*

Полина Андреевна *(вздохнув)*. Старый что малый... *(Подходит к письменному столу и, облокотившись, смотрит в рукопись.)*

Пауза.

Медведенко. Так я пойду. Прощай, Маша. *(Целует у жены руку.)* Прощайте, мамаша. *(Хочет поцеловать руку у тещи.)*

Полина Андреевна *(досадливо)*. Ну! Иди с богом.

Медведенко. Прощайте, Константин Гаврилыч.

Треплев молча подает руку; Медведенко уходит.

Полина Андреевна *(глядя в рукопись)*. Никто не думал и не гадал, что из вас, Костя, выйдет настоящий писатель. А вот, слава богу, и деньги стали вам присылать из журналов. *(Проводит рукой по его волосам.)* И красивый стал... Милый Костя, хороший, будьте поласковее с моей Машенькой!..

Маша *(постилая)*. Оставьте его, мама.

Полина Андреевна *(Треплеву)*. Она славненькая.

Пауза.

Женщине, Костя, ничего не нужно, только взгляни на нее ласково. По себе знаю.

Треплев встает из-за стола и молча уходит.

Маша. Вот и рассердили. Надо было приставать!

Полина Андреевна. Жалко мне тебя, Машенька.

Маша. Очень нужно!

Полина Андреевна. Сердце мое за тебя переболело. Я ведь все вижу, все понимаю.

Маша. Все глупости. Безнадежная любовь — это только в романах. Пустяки. Не нужно только распускать себя и все чего-то ждать, ждать у моря погоды... Раз в сердце завелась любовь, надо ее вон. Вот обещали перевести мужа в другой уезд. Как переедем туда, — все забуду... с корнем из сердца вырву.

Через две комнаты играют меланхолический вальс.

Полина Андреевна. Костя играет. Значит, тоскует.

Маша *(делает бесшумно два-три тура вальса).* Главное мама, перед глазами не видеть. Только бы дали моему Семену перевод, а там, поверьте, в один месяц забуду. Пустяки все это.

Открывается левая дверь.

Дорн и Медведенко катят в кресле Сорина.

Медведенко. У меня теперь в доме шестеро. А мука семь гривен пуд.

Дорн. Вот тут и вертись.

Медведенко. Вам хорошо смеяться. Денег у вас куры не клюют.

Дорн. Денег? За тридцать лет практики, мой друг, беспокойной практики, когда я не принадлежал себе ни днем, ни ночью, мне удалось скопить только две тысячи, да и те я прожил недавно за границей. У меня ничего нет.

Маша *(мужу).* Ты не уехал?

Медведенко *(виновато).* Что ж? Когда не дают лошади!

Маша *(с горькою досадой, вполголоса).* Глаза бы мои тебя не видели!

Кресло останавливается в левой половине комнаты; Полина Андреевна, Маша и Дорн садятся возле; Медведенко, опечаленный, отходит в сторону.

Дорн. Сколько у вас перемен, однако! Из гостиной сделали кабинет.

Маша. Здесь Константину Гаврилычу удобнее работать. Он может когда угодно выходить в сад и там думать.

Стучит сторож.

Сорин. Где сестра?

Дорн. Поехала на станцию встречать Тригорина. Сейчас вернется.

Сорин. Если вы нашли нужным выписать сюда сестру, значит, я опасно болен. *(Помолчав.)* Вот история, я опасно болен, а между тем мне не дают никаких лекарств.

Дорн. А чего вы хотите? Валериановых капель? Соды? Хины?

Сорин. Ну, начинается философия. О, что за наказание! *(Кивнув головой на диван.)* Это для меня постлано?

Полина Андреевна. Для вас, Петр Николаевич.

Сорин. Благодарю вас.

Дорн *(напевает).* «Месяц плывет по ночным небесам...»

Сорин. Вот хочу дать Косте сюжет для повести. Она должна называться так: «Человек, который хотел». «L'homme qui a voulu». В молодости когда-то хотел я сделаться литератором — и не сделался; хотел красиво говорить — и говорил отвратительно *(дразнит себя):* «и все и все такое, того, не того...» и, бывало, резюме везешь, везешь, даже в пот ударит; хотел жениться — и не женился; хотел всегда жить в городе — и вот кончаю свою жизнь в деревне, и все.

Дорн. Хотел стать действительным статским советником — и стал.

Сорин (*смеется*). К этому я не стремился. Это вышло само собою.

Дорн. Выражать недовольство жизнью в шестьдесят два года, согласитесь, — это не великодушно.

Сорин. Какой упрямец. Поймите, жить хочется!

Дорн. Это легкомыслие. По законам природы всякая жизнь должна иметь конец.

Сорин. Вы рассуждаете, как сытый человек. Вы сыты и потому равнодушны к жизни, вам все равно. Но умирать и вам будет страшно.

Дорн. Страх смерти — животный страх... Надо подавлять его. Сознательно боятся смерти только верующие в вечную жизнь, которым страшно бывает своих грехов. А вы, во-первых, неверующий, во-вторых, — какие у вас грехи? Вы двадцать пять лет прослужили по судебному ведомству — только всего.

Сорин (*смеется*). Двадцать восемь...

Входит **Треплев** *и садится на скамеечке у ног Сорина. Маша все время не отрывает от него глаз.*

Дорн. Мы мешаем Константину Гавриловичу работать.

Треплев. Нет, ничего.

Пауза.

Медведенко. Позвольте вас спросить, доктор, какой город за границей вам больше понравился?

Дорн. Генуя.

Треплев. Почему Генуя?

Дорн. Там превосходная уличная толпа. Когда вечером выходишь из отеля, то вся улица бывает запружена народом. Движешься потом в толпе без всякой цели, туда-сюда, по ломаной линии, живешь с нею вместе, сливаешься с нею психически и начинаешь верить, что в самом деле возможна одна мировая душа, вроде той, которую когда-то в вашей пьесе играла Нина Заречная. Кстати, где теперь Заречная? Где она и как?

Треплев. Должно быть, здорова.

Дорн. Мне говорили, будто она повела какую-то особенную жизнь. В чем дело?

Треплев. Это, доктор, длинная история.

Дорн. А вы покороче.

Пауза.

Треплев. Она убежала из дому и сошлась с Тригориным. Это вам известно?

Дорн. Знаю.

Треплев. Был у нее ребенок. Ребенок умер. Тригорин разлюбил ее и вернулся к своим прежним привязанностям, как и следовало ожидать. Впрочем, он никогда не покидал прежних, а, по бесхарактерности, как-то ухитрился и тут и там. Насколько я мог понять из того, что мне известно, личная жизнь Нины не удалась совершенно.

Дорн. А сцена?

Треплев. Кажется, еще хуже. Дебютировала она под Москвой в дачном театре, потом уехала в провинцию. Тогда я не упускал ее из виду и некоторое время куда она, туда и я. Бралась она все за большие роли, но играла грубо, безвкусно, с завываниями, с резкими жестами. Бывали моменты, когда она талантливо вскрикивала, талантливо умирала, но это были только моменты.

Дорн. Значит, все-таки есть талант?

Треплев. Понять было трудно. Должно быть, есть. Я ее видел, но она не хотела меня видеть, и прислуга не пускала меня к ней в номер. Я понимал ее настроение и не настаивал на свидании.

Пауза.

Что же вам еще сказать? Потом я, когда уже вернулся домой, получал от нее письма. Письма умные, теплые, интересные; она не жаловалась, но я чувствовал, что она глубоко несчастна; что ни строчка, то больной, натянутый нерв. И воображение немного расстроено. Она подписывалась Чайкой. В «Русалке» мельник говорит, что он ворон, так она в письмах все повторяла, что она чайка. Теперь она здесь.

Дорн. То есть как, здесь?

Треплев. В городе, на постоялом дворе. Уже дней пять, как живет там в номере. Я было поехал к ней, и вот Марья Ильинишна ездила, но она никого не принимает. Семен Семенович уверяет, будто вчера после обеда видел ее в поле, в двух верстах отсюда.

Медведенко. Да, я видел. Шла в ту сторону, к городу. Я поклонился, спросил, отчего не идет к нам в гости. Она сказала, что придет.

Треплев. Не придет она.

Пауза.

Отец и мачеха не хотят ее знать. Везде расставили сторожей, чтобы даже близко не допускать ее к усадьбе. *(Отходит с доктором к письменному столу.)* Как легко, доктор, быть философом на бумаге и как это трудно на деле!

Сорин. Прелестная была девушка.

Дорн. Что-с?

Сорин. Прелестная, говорю, была девушка. Действительный статский советник Сорин был даже в нее влюблен некоторое время.

Дорн. Старый ловелас.

Слышен смех Шамраева.

Полина Андреевна. Кажется, наши приехали со станции...

Треплев. Да, я слышу маму.

*Входят **Аркадина**, **Тригорин**, за ними **Шамраев**.*

Шамраев *(входя).* Мы все стареем, выветриваемся под влиянием стихий, а вы, многоуважаемая, все еще молоды... Светлая кофточка, живость... грация...

Аркадина. Вы опять хотите сглазить меня, скучный человек!

Тригорин *(Сорину).* Здравствуйте, Петр Николаевич! Что это вы всё хвораете? Нехорошо! *(Увидев Машу, радостно.)* Марья Ильинична!

Маша. Узнали? *(Жмет ему руку.)*

Тригорин. Замужем?

Маша. Давно.

Тригорин. Счастливы? *(Раскланивается с Дорном и с Медведенком, потом нерешительно подходит к Треплеву.)* Ирина Николаевна говорила, что вы уже забыли старое и перестали гневаться.

Треплев протягивает ему руку.

Аркадина *(сыну).* Вот Борис Алексеевич привез журнал с твоим новым рассказом.

Треплев *(принимая книгу, Тригорину).* Благодарю вас. Вы очень любезны.

Садятся.

Тригорин. Вам шлют поклон ваши почитатели... В Петербурге и в Москве вообще заинтересованы вами, и меня всё спрашивают про вас. Спрашивают: какой он, сколько лет, брюнет или блондин. Думают все почему-то, что вы уже немолоды. И никто не знает вашей настоящей фамилии, так как вы печатаетесь под псевдонимом. Вы таинственны, как Железная Маска.

Треплев. Надолго к нам?

Тригорин. Нет, завтра же думаю в Москву. Надо. Тороплюсь кончить повесть, и затем еще обещал дать что-нибудь в сборник. Одним словом — старая история.

Пока они разговаривают, Аркадина и Полина Андреевна ставят среди комнаты ломберный стол и раскрывают его; Шамраев зажигает свечи, ставит стулья. Достают из шкапа лото.

Погода встретила меня неласково. Ветер жестокий. Завтра утром, если утихнет, отправлюсь на озеро удить рыбу. Кстати, надо осмотреть сад и то место, где — помните? — играли вашу пьесу. У меня созрел мотив, надо только возобновить в памяти место действия.

Маша *(отцу)*. Папа, позволь мужу взять лошадь! Ему нужно домой.

Шамраев *(дразнит)*. Лошадь... домой... *(Строго.)* Сама видела: сейчас посылали на станцию. Не гонять же опять.

Маша. Но ведь есть другие лошади... *(Видя, что отец молчит, машет рукой.)* С вами связываться...

Медведенко. Я, Маша, пешком пойду. Право…

Полина Андреевна *(вздохнув).* Пешком, в такую погоду… *(Садится за ломберный стол.)* Пожалуйте, господа.

Медведенко. Ведь всего только шесть верст… Прощай… *(Целует жене руку.)* Прощайте, мамаша.

Теща нехотя протягивает ему для поцелуя руку.

Я бы никого не беспокоил, но ребеночек… *(Кланяется всем.)* Прощайте… *(Уходит; походка виноватая.)*

Шамраев. Небось дойдет. Не генерал.

Полина Андреевна *(стучит по столу).* Пожалуйте, господа. Не будем терять времени, а то скоро ужинать позовут.

Шамраев, Маша и Дорн садятся за стол.

Аркадина *(Тригорину).* Когда наступают длинные осенние вечера, здесь играют в лото. Вот взгляните: старинное лото, в которое еще играла с нами покойная мать, когда мы были детьми. Не хотите ли до ужина сыграть с нами партию? *(Садится с Тригориным за стол.)* Игра скучная, но если привыкнуть к ней, то ничего. *(Сдает всем по три карты.)*

Треплев (*перелистывая журнал*). Свою повесть прочел, а моей даже не разрезал. (*Кладет журнал на письменный стол, потом направляется к левой двери; проходя мимо матери, целует ее в голову.*)

Аркадина. А ты, Костя?

Треплев. Прости, что-то не хочется... Я пройдусь. (*Уходит.*)

Аркадина. Ставка — гривенник. Поставьте за меня, доктор.

Дорн. Слушаю-с.

Маша. Все поставили? Я начинаю... Двадцать два!

Аркадина. Есть.

Маша. Три!..

Дорн. Так-с.

Маша. Поставили три? Восемь! Восемьдесят один! Десять!

Шамраев. Не спеши.

Аркадина. Как меня в Харькове принимали, батюшки мои, до сих пор голова кружится!

Маша. Тридцать четыре!

За сценой играют меланхолический вальс.

Аркадина. Студенты овацию устроили… Три корзины, два венка и вот… *(Снимает с груди брошь и бросает на стол.)*

Шамраев. Да, это вещь…

Маша. Пятьдесят!..

Дорн. Ровно пятьдесят?

Аркадина. На мне был удивительный туалет… Что-что, а уж одеться я не дура.

Полина Андреевна. Костя играет. Тоскует, бедный.

Шамраев. В газетах бранят его очень.

Маша. Семьдесят семь!

Аркадина. Охота обращать внимание.

Тригорин. Ему не везет. Все никак не может попасть в свой настоящий тон. Что-то странное, неопределенное, порой даже похожее на бред. Ни одного живого лица.

Маша. Одиннадцать!

Аркадина *(оглянувшись на Сорина).* Петруша, тебе скучно?

Пауза.

Спит.

Дорн. Спит действительный статский советник.

Маша. Семь! Девяносто!

Тригорин. Если бы я жил в такой усадьбе, у озера, то разве я стал бы писать? Я поборол бы в себе эту страсть и только и делал бы, что удил рыбу.

Маша. Двадцать восемь!

Тригорин. Поймать ерша или окуня — это такое блаженство!

Дорн. А я верю в Константина Гаврилыча. Что-то есть! Что-то есть! Он мыслит образами, рассказы его красочны, ярки, и я их сильно чувствую. Жаль только, что он не имеет определенных задач. Производит впечатление, и больше ничего, а ведь на одном впечатлении далеко не уедешь. Ирина Николаевна, вы рады, что у вас сын писатель?

Аркадина. Представьте, я еще не читала. Все некогда.

Маша. Двадцать шесть!

Треплев *тихо входит и идет к своему столу.*

Шамраев *(Тригорину).* А у нас, Борис Алексеевич, осталась ваша вещь.

Тригорин. Какая?

Шамраев. Как-то Константин Гаврилыч застрелил чайку, и вы поручили мне заказать из нее чучело.

Тригорин. Не помню. *(Раздумывая.)* Не помню!

Маша. Шестьдесят шесть! Один!

Треплев *(распахивает окно, прислушивается).* Как темно! Не понимаю, отчего я испытываю такое беспокойство.

Аркадина. Костя, закрой окно, а то дует.

Треплев закрывает окно.

Маша. Восемьдесят восемь!

Тригорин. У меня партия, господа.

Аркадина *(весело).* Браво! браво!

Шамраев. Браво!

Аркадина. Этому человеку всегда и везде везет. *(Встает.)* А теперь пойдемте закусить чего-нибудь. Наша знаменитость не обедала сегодня. После ужина будем продолжать. *(Сыну.)* Костя, оставь свои рукописи, пойдем есть.

Треплев. Не хочу, мама, я сыт.

Аркадина. Как знаешь. *(Будит Сорина.)* Петруша, ужинать! *(Берет Шамраева под руку.)* Я расскажу вам, как меня принимали в Харькове...

Полина Андреевна тушит на столе свечи, потом она и Дорн катят кресло. Все уходят в левую дверь; на сцене остается один Треплев за письменным столом.

Треплев *(собирается писать; пробегает то, что уже написано).* Я так много говорил о новых формах, а теперь чувствую, что сам мало-помалу сползаю к рутине. *(Читает.)* «Афиша на заборе гласила... Бледное лицо, обрамленное темными волосами...» Гласила, обрамленное... Это бездарно. *(Зачеркивает.)* Начну с того, как героя разбудил шум дождя, а остальное все вон. Описание лунного вечера длинно и изысканно. Тригорин выработал себе приемы, ему легко... У него на плотине блестит горлышко разбитой бутылки и чернеет тень от мельничного колеса — вот и лунная ночь готова, а у меня и трепещущий свет, и тихое мерцание звезд, и далекие звуки рояля, замирающие в тихом ароматном воздухе... Это мучительно.

Пауза.

Да, я все больше и больше прихожу к убеждению, что дело не в старых и не в новых формах, а в том, что человек пишет, не думая ни о каких формах, пишет, потому что это свободно льется из его души.

Кто-то стучит в окно, ближайшее к столу.

Что такое? *(Глядит в окно.)* Ничего не видно… *(Отворяет стеклянную дверь и смотрит в сад.)* Кто-то пробежал вниз по ступеням. *(Окликает.)* Кто здесь? *(Уходит; слышно, как он быстро идет по террасе; через полминуты возвращается с Ниной Заречной.)* Нина! Нина!

Нина кладет ему голову на грудь и сдержанно рыдает.

(Растроганный.) Нина! Нина! Это вы… вы… Я точно предчувствовал, весь день душа моя томилась ужасно. *(Снимает с нее шляпу и тальму.)* О, моя добрая, моя ненаглядная, она пришла! Не будем плакать, не будем.

Нина. Здесь есть кто-то.

Треплев. Никого.

Нина. Заприте двери, а то войдут.

Треплев. Никто не войдет.

Нина. Я знаю, Ирина Николаевна здесь. Заприте двери...

Треплев *(запирает правую дверь на ключ, подходит к левой).* Тут нет замка. Я заставлю креслом. *(Ставит у двери кресло.)* Не бойтесь, никто не войдет.

Нина *(пристально глядит ему в лицо).* Дайте я посмотрю на вас. *(Оглядываясь.)* Тепло, хорошо... Здесь тогда была гостиная. Я сильно изменилась?

Треплев. Да... Вы похудели, и у вас глаза стали больше. Нина, как-то странно, что я вижу вас. Отчего вы не пускали меня к себе? Отчего вы до сих пор не приходили? Я знаю, вы здесь живете уже почти неделю... Я каждый день ходил к вам по нескольку раз, стоял у вас под окном, как нищий.

Нина. Я боялась, что вы меня ненавидите. Мне каждую ночь все снится, что вы смотрите на меня и не узнаете. Если бы вы знали! С самого приезда я все ходила тут... около озера. Около вашего дома была много раз и не решалась войти. Давайте сядем.

Садятся.

Сядем и будем говорить, говорить. Хорошо здесь, тепло, уютно... Слышите — ветер? У Тургенева есть место: «Хорошо тому, кто в такие ночи сидит под кровом дома, у кого есть теплый угол». Я — чайка... Нет, не то. *(Трет себе лоб.)* О чем я? Да... Тургенев... «И да поможет господь всем бесприютным скитальцам...» Ничего. *(Рыдает.)*

Треплев. Нина, вы опять... Нина!

Нина. Ничего, мне легче от этого... Я уже два года не плакала. Вчера поздно вечером я пошла посмотреть в саду, цел ли наш театр. А он до сих пор стоит. Я заплакала в первый раз после двух лет, и у меня отлегло, стало яснее на душе. Видите, я уже не плачу. *(Берет его за руку.)* Итак, вы стали уже писателем... Вы писатель, я — актриса... Попали и мы с вами в круговорот... Жила я радостно, по-детски — проснешься утром и запоешь; любила вас, мечтала о славе, а теперь? Завтра рано утром ехать в Елец в третьем классе... с мужиками, а в Ельце образованные купцы будут приставать с любезностями. Груба жизнь!

Треплев. Зачем в Елец?

Нина. Взяла ангажемент на всю зиму. Пора ехать.

Треплев. Нина, я проклинал вас, ненавидел, рвал ваши письма и фотографии, но каждую минуту я сознавал, что душа моя привязана к вам навеки. Разлюбить вас я не в силах, Нина. С тех пор как я потерял вас и как начал печататься, жизнь для меня невыносима, — я страдаю... Молодость мою вдруг как оторвало, и мне кажется, что я уже прожил на свете девяносто лет. Я зову вас, целую землю, по которой вы ходили; куда бы я ни смотрел, всюду мне представляется ваше лицо, эта ласковая улыбка, которая светила мне в лучшие годы моей жизни...

Нина *(растерянно).* Зачем он так говорит, зачем он так говорит?

Треплев. Я одинок, не согрет ничьей привязанностью, мне холодно, как в подземелье, и, что бы я ни писал, все это сухо, черство, мрачно. Останьтесь здесь, Нина, умоляю вас, или позвольте мне уехать с вами!

Нина быстро надевает шляпу и тальму.

Нина, зачем? Бога ради, Нина... *(Смотрит, как она одевается.)*

Пауза.

Нина. Лошади мои стоят у калитки. Не провожайте, я сама дойду... *(Сквозь слезы.)* Дайте воды...

Треплев *(дает ей напиться).* Вы куда теперь?

Нина. В город.

Пауза.

Ирина Николаевна здесь?

Треплев. Да… В четверг дяде было нехорошо, мы ей телеграфировали, чтобы она приехала.

Нина. Зачем вы говорите, что целовали землю, по которой я ходила? Меня надо убить. *(Склоняется к столу.)* Я так утомилась! Отдохнуть бы… отдохнуть! *(Поднимает голову.)* Я — чайка… Не то. Я — актриса. Ну да! *(Услышав смех Аркадиной и Тригорина, прислушивается, потом бежит к левой двери и смотрит в замочную скважину.)* И он здесь… *(Возвращаясь к Треплеву.)* Ну да… Ничего… Да… Он не верил в театр, все смеялся над моими мечтами, и мало-помалу я тоже перестала верить и пала духом… А тут заботы любви, ревность, постоянный страх за маленького… Я стала мелочною, ничтожною, играла бессмысленно… Я не знала, что делать с руками, не умела стоять на сцене, не владела голосом. Вы не понимаете этого состояния, когда чувствуешь, что играешь ужасно. Я — чайка. Нет, не то… Помните, вы подстрелили чайку? Случайно пришел человек, увидел и от нечего делать погубил… Сюжет для небольшого рассказа… Это не то… *(Трет себе лоб.)* О чем я?.. Я говорю о сцене. Теперь уж я не так… Я уже настоящая актриса, я играю с наслаждением, с восторгом, пьянею на сцене и чувствую себя прекрасной. А теперь, пока живу здесь, я все хожу пешком, все хожу и думаю, думаю и чувствую, как с каждым днем растут мои душевные силы… Я теперь знаю, понимаю, Костя, что в нашем деле —

все равно, играем мы на сцене или пишем — главное не слава, не блеск, не то, о чем я мечтала, а уменье терпеть. Умей нести свой крест и веруй. Я верую, и мне не так больно, и когда я думаю о своем призвании, то не боюсь жизни.

Треплев (*печально*). Вы нашли свою дорогу, вы знаете, куда идете, а я все еще ношусь в хаосе грез и образов, не зная, для чего и кому это нужно. Я не верую и не знаю, в чем мое призвание.

Нина (*прислушиваясь*). Тсс... Я пойду. Прощайте. Когда я стану большою актрисой, приезжайте взглянуть на меня. Обещаете? А теперь... (*Жмет ему руку.*) Уже поздно. Я еле на ногах стою... я истощена, мне хочется есть...

Треплев. Останьтесь, я дам вам поужинать...

Нина. Нет, нет... Не провожайте, я сама дойду... Лошади мои близко... Значит, она привезла его с собою? Что ж, все равно. Когда увидите Тригорина, то не говорите ему ничего... Я люблю его. Я люблю его даже сильнее, чем прежде... Сюжет для небольшого рассказа... Люблю, люблю страстно, до отчаяния люблю. Хорошо было прежде, Костя! Помните? Какая ясная, теплая, радостная, чистая жизнь, какие чувства, — чувства, похожие на нежные, изящные цветы... Помните?.. (*Читает.*) «Люди, львы, орлы и куропатки, рогатые олени, гуси, пауки, молчаливые рыбы, обитавшие в воде, морские звезды, и те, которых нельзя было видеть глазом, — словом, все жизни, все жизни, все жизни, свершив печальный круг, угасли. Уже тысячи веков, как земля не носит на себе ни одного живого существа, и эта бедная луна напрасно зажигает свой фонарь. На лугу уже не просыпаются с криком журавли, и майских жуков не бывает слышно в липовых рощах...» *(Обнимает порывисто Треплева и убегает в стеклянную дверь.)*

Треплев *(после паузы).* Нехорошо, если кто-нибудь встретит ее в саду и потом скажет маме. Это может огорчить маму... *(В продолжение двух минут молча рвет все свои рукописи и бросает под стол, потом отпирает правую дверь и уходит.)*

Дорн *(стараясь отворить левую дверь).* Странно. Дверь как будто заперта... *(Входит и ставит на место кресло.)* Скачка с препятствиями.

*Входят **Аркадина**, **Полина Андреевна**, за ними **Яков** с бутылками и **Маша**, потом **Шамраев** и **Тригорин**.*

Аркадина. Красное вино и пиво для Бориса Алексеевича ставьте сюда, на стол. Мы будем играть и пить. Давайте садиться, господа.

Полина Андреевна *(Якову).* Сейчас же подавай и чай. *(Зажигает свечи, садится за ломберный стол.)*

Шамраев *(подводит Тригорина к шкапу).* Вот вещь, о которой я давеча говорил... *(Достает из шкапа чучело чайки.)* Ваш заказ.

Тригорин *(глядя на чайку).* Не помню! *(Подумав.)* Не помню!

Направо за сценой выстрел; все вздрагивают.

Аркадина *(испуганно).* Что такое?

Дорн. Ничего. Это, должно быть, в моей походной аптеке что-нибудь лопнуло. Не беспокойтесь. *(Уходит в правую дверь, через полминуты возвращается.)* Так и есть. Лопнула склянка с эфиром. *(Напевает.)* «Я вновь пред тобою стою очарован...»

Аркадина *(садясь за стол).* Фуй, я испугалась. Это мне напомнило, как... *(Закрывает лицо руками.)* Даже в глазах потемнело...

Дорн *(перелистывая журнал, Тригорину).* Тут месяца два назад была напечатана одна статья... письмо из Америки, и я хотел вас спросить, между прочим... *(берет Тригорина за талию и отводит к рампе)* так как я очень интересуюсь этим вопросом... *(Тоном ниже, вполголоса.)* Уведите отсюда куда-нибудь Ирину Николаевну. Дело в том, что Константин Гаврилович застрелился...

Занавес 1896

Also available from JiaHu Books:

Русланъ и Людмила — А. С. Пушкин - 9781909669000

Евгеній Онѣгинъ — А. С. Пушкин — 9781909669017

Анна Каренина — Л. Н. Толстой - 9781909669154

Мать — Максим Горький — 9781909669628

Рассказ о семи повешенных и другие повести — Л. Н. Андреев — 9781909669659

Леди Макбет Мценского уезда и Запечатленный ангел - Н. С. Лесков - 9781909669666

Очарованный странник — Н. С. Лесков — 9781909669727

Некуда — Н. С. Лесков -9781909669673

Мы - Евгений Замятин- 9781909669758

Санин — М. П. Арцыбашев — 9781909669949

Мастер и Маргарита — М.А. Булгаков - 9781909669895

Собачье сердце — М.А. Булгаков — 9781909669536

Записки юного врача — М.А. Булгаков — 9781909669680

Роковые яйца — М.А. Булгаков - 9781909669840

Евгений Онегин (Либретто) — 9781909669741

Пиковая Дама (Либретто) — 9781909669376

Борис Годунов (Либретто) — 9781909669376

Раскіданае гняздо/Тутэйшыя - Янка Купала – 9781909669901

Чорна рада — Пантелеймон Куліш – 9781909669529

Стихотворения и Проза - Христо Ботев - 9781909669864